一問一答で学ぶ

会計の基礎

松浦剛志 | (株)プロセス・ラボ代表取締役　(有)ウィルミッツ代表取締役
蝦名 卓 | 公認会計士・税理士
松浦圭子 | 税理士

●本書の読者対象

［ビジネス知識］

↑ ビジネス経験
概ね3年以上

学生や新人
補助的業務のみの経験

→ ［会計知識］

ほぼ会計の知識がない

アタマの中で会計用語がモヤモヤしている

体系的に学んだことがある。経理に従事している等

はじめに

　数多くある会計の本から本書を手にとっていただき、ありがとうございます。本書は、ある程度のビジネスのバックグラウンドがあれば、「なるほど！」とつぶやきながら、最短時間で会計が理解できる指南書です。

　ビジネスの本流で3年も仕事をしていると、日常的に「売上高」「粗利（売上総利益）」「ケイツネ（経常利益）」「資産」「負債」「売掛金」「買掛金」などの会計用語を耳にします。本格的に勉強をしなくても、ごく自然に一定程度の会計知識が頭の中に蓄積されていくものです。

　筆者らは、この状態にあるビジネスパーソンのことを「会計用語が頭の中でモヤモヤしている人」（左ページの図の◎印に該当する）と捉えています。そして、この状態にあるビジネスパーソンが、会計について体系的に理解するのにはそれほど多くの時間を必要としないことを、自身の体験から知っています。

　本書では、そんな状態にあるビジネスパーソンが最短時間でアタマの整理をし、会計的な思考回路をつくるために3つの工夫をこらしました。

　1つ目は、一問一答のスタイルにしたことです。一問一答のスタイルにしたのは、興味を持って（脳が活性化した状態で）読んでもらうためです。一般的に、会計の入門書はそれがマンガであっても、読んでいると眠くなってしまうものが多いです。

　その理由は、入門書が読者に、知識を「教えよう」としているからだと思います。私たちの脳が活性化するのは「教えられている」瞬間ではなく、「問われている」瞬間です。そこで、問題を考え（脳を活性化し）、解説で「なるほど！」を繰り返すことで、

会計的な思考回路を育んでもらおうと考えました。

　2つ目は、問題の中に、ビジネスの動きとともに「動く」財務三表を理解してもらうための問題を取り入れたことです。なお、この問題は、本書の元となった会計基礎講座（研修教材）では、「グループのメンバーとともにポストイットを使い、トレーディングゲームという名の下、売買ゲームをしながら財務三表を動かす」というコンテンツで提供しています。

　研修では、「今までわかりにくかった会計が手にとるようにわかった。これでもう二度と会計の仕組みを忘れることはない！」と言っていただくことの多い「キラーコンテンツ」です。残念ながら書籍では「グループのメンバーとともに……」とはいきませんが、自分で考えながら、あるいは何人かと相談しながら、ビジネスの動きによって財務三表がどう変わっていくのかを楽しんでみてください。静止した財務三表だけではわからない、本質的な理解を深めることができます。

　3つ目は、コラムとして会計に関わるさまざまなキーワードを解説していることです。ビジネス経験も10年前後になると、「粉飾決算」「連結決算」「のれん」「税効果」「損金不算入」などの会計や税務のキーワードを耳にすることも多いはずです。すでに知っているという方もいるかもしれませんが、気になるキーワードがあればぜひ読んでみてください。

　最後に、本書のバックグランドについて少しだけ説明します。本書は公認会計士である蝦名卓、税理士である松浦圭子、ビジネスコンサルタントの私、松浦剛志の3人が共同で執筆したもので

すが、中心部分は、私が主宰する有限会社ウィルミッツでビジネスパーソン向けに実施している会計基礎講座という研修教材を元にしています。

実は、この教材の原点は、私の社会人生活のスタート時にあります。銀行員として社会人生活のスタートを切った私は、入社時の研修で会計に取り組む機会がありました。しかし、その研修内容は難解で、しかもつまらないこと……（多くの同期社員が研修開始から1時間後には船を漕ぎ出す始末でした！）。この時点では恥ずかしながら、会計をほとんど理解していませんでした。

その後、企業向けの貸出審査をするセクションに異動になったのですが、ここで独学で会計を再度勉強しなおして、ようやく理解することができました。実際に会計を理解した後でわかったことは、ある程度のビジネスのバックグラウンドがあれば、会計は「暗記する」ものではなく、「理解（ハラオチ）する」ものだということです。

このように、私自身、会計を理解するのにかなり無駄な遠回りをしています。そこで、そのような遠回りをしなくてすむよう会計基礎講座を開発、さらに本書を著したというわけです。

冒頭で、ある程度のビジネスのバックグラウンドのある人ならば、「なるほど！」とつぶやきながら、最短時間で会計を理解できると書いたのは、このような理由からです。

それでは、最後まで本書にお付き合いください。

2016年夏

松浦剛志

一問一答で学ぶ
会計の基礎

目次

1 財務三表

1-1 **財務三表の名前** 013
　コラム アルファベットの略語 015

1-2 **財務三表の意味** 016
　コラム 決算書と法律 019

2 PLを理解する

2-1 **PLの概要** 023
2-2 **収益と費用の内訳** 025
2-3 **収益と費用の並べ方** 027
　コラム 業種別利益率（売上総利益と営業利益） 029
2-4 **売上原価と販管費（1）** 031
2-5 **売上原価と販管費（2）** 033
2-6 **売上原価と販管費（3）** 035
2-7 **売上原価の算定（1）** 037
2-8 **売上原価の算定（2）** 040

- コラム 棚卸資産の評価方法 044
- 2-9 売上原価の算定（3） 045
- 2-10 売上原価の算定（4） 047
- 2-11 売上の計上基準 049
  - コラム 工事進行基準（売上計上基準）と粉飾 051
- 2-12 減価償却 053
  - コラム 減価償却の方法 056
- 2-13 廃棄損 059
- 2-14 消費税 061
  - コラム 消費税 063
- 2-15 法人税 065
  - コラム 所得と利益の違い 067
- 2-16 PLの概観と企業活動 069

3 BSを理解する

- 3-1 BSの全体像 073
  - コラム 連結って難しいの？ 076

3-2 BSに計上されるものとPLに計上されるものの違い 078

コラム のれんって何? 083

3-3 知らないとピンとこないBSの勘定科目 085

コラム 「内部留保を景気浮上に使え!」は正しいか? 087

3-4 BSの並び順 089

コラム リースの会計 092

3-5 BSの資産の評価基準(1) 093

3-6 BSの資産の評価基準(2) 095

コラム 時価会計と減損会計 097

3-7 BSの概観と企業活動 099

コラム 税効果って何? 101

4 BSとPLの関係を理解する

4-1 BSとPLの違い 105

4-2 BSとPLの接点(1) 107

コラム 株主資本・自己資本・純資産の違い 109

4-3 BSとPLの接点(2) 111

コラム 粉飾決算ってナニ?! 114

5 BSとPLの動きを理解する

5-1 ビジネス取引と財務諸表の動き 117
- コラム 簿記って何？ 仕訳って何？ 137

5-2 消費税と財務諸表の動き 140
- コラム 税抜きと税込み 147

6 CFを理解する

6-1 CFの構成要素 151

6-2 CFの表記方法 153
- コラム CFの小計の意味 156

6-3 CFとBSの連動（直接法） 158
- コラム 直接法が難しい理由 178

6-4 間接法CFの作成方法（1） 180

6-5 間接法CFの作成方法（2） 184

6-6 間接法CFの作成方法（3） 188

7 BSとPLとCFの連動を理解する

7-1 ビジネス取引と財務諸表の動き 194

1
財務三表

- ✔ 読み書きソロバンは、ビジネスパーソンの必須スキルです。

- ✔ ソロバンとは、単なる計算ではなく、会計のことです。

- ✔ 会計を理解するとは、財務三表を理解することです。

- ✔ まずは、"財務三表とは何か"からスタートです。

1-1 財務三表の名前

問題

A、B、Cの表の名前（略称）を選択肢から選びなさい。

A

流動資産	362,493
現金及び現金同等物	96,395
営業債権及びその他の債権	177,678
棚卸資産	41,253
その他の流動資産	47,163
非流動資産	132,144
有形固定資産	62,293
無形資産	17,581
繰延税金資産	20,316
その他の非流動資産	31,948
資産合計	494,638

流動負債	168,079
営業債務及びその他の債務	77,859
その他の流動負債	90,216
非流動負債	34,832
長期金融債務	22,309
その他の非流動債務	12,520
負債合計	202,911

親会社の所有者に帰属する持ち分	285,192
資本金	38,085
資本剰余金	57,883
利益剰余金	194,4810
その他の資本の構成要素	−5,257
非支配持分	6,531
資本合計	291,725
負債および資本合計	494,638

B

売上高	611,545
売上原価	465,385
売上総利益	146,158
販売費及び一般管理費	105,067
人件費	61,649
委託社員受入費	10,448
減価償却費	4,769
その他	28,198
営業利益	41,092
営業外収益	1,239
受取利息	70
受取配当金	121
持分法による投資利益	310
投資事業組合運用益	154
その他	579
営業外費用	336
支払利息	263
持分法による投資損失	0
投資事業組合運用損	0
その他	72
経常利益	41,995
特別利益	592
特別損失	1,145
税金等調整前当期純利益	41,442
法人税、住民税、事業税	14,908
法人税等調整額	1,484
少数株主利益	378
当期純利益	24,668

C

営業活動	
税金等調整前当期純利益	42,044
減価償却費及び償却費	13,227
受取利息及び受取配当金	−194
支払利息	355
営業債権等の増減額	−27,206
棚卸資産の増減額	−6,003
営業債務等の増減額	10,950
その他	−4,809
小　計	28,362
利息及び配当金の受取額	247
利息の支払額	−254
法人所得税の支払額	−17,129
営業活動	11,225
投資活動	0
有形固定資産の取得	−11,445
無形固定資産の取得	−2,877
その他	280
投資活動	−14,042
財務活動	0
自己株式の取得による支出	−4,384
配当金の支払額	−11,454
その他	−802
財務活動	−16,641
	0
現金等の増減額	−19,336
現金等の期首残高	115,733
現金等の期末残高	96,395

選択肢

❶ BS　❷ PL　❸ BL　❹ GL
❺ CP　❻ AR　❼ DD　❽ CF

解答欄

A		B		C	

解答

| A | ❶ | B | ❷ | C | ❸ |

解説

BS（❶）：Balance Sheet、「貸借対照表（たいしゃくたいしょうひょう）」のこと

PL（❷）：Profit & Loss Statement、「損益計算書（そんえきけいさんしょ）」のこと

CF（❸）：Cash Flow Statement、「キャッシュフロー計算書」のこと。CFはCSとも呼ぶ

そして、これら3つをまとめて財務三表と呼びます。

アルファベットの略語

　どこの世界（業界）にもアルファベットの略語が氾濫しています。慣れている者同士であれば、略語は会話が楽で便利なものですが、知らないと会話の中身が想像もつかない……、という事態になりがちです。

　会計や財務の世界にも、多くの略語があります。なかでもBS、PL、CFは、会計や財務に縁遠くても、ビジネスパーソンとしては知っているのが常識の略語です。BSとPLが混じってBLなどと言ってしまっては、「この人、大丈夫？」と思われてしまいます。

　また、貿易業務で扱う船荷証券（Bill of Lading）をB/Lと略すこともありますが、BLをウィキペディアで検索すると、およそ会計・財務とは異なる世界の言葉が出てきます。ビジネスシーンでは失笑を買いかねませんので注意しましょう。

　なお、選択肢に出したもののうち会計・財務の略語は次のような意味ですが、会計・財務に詳しくない人にとってはやや難しい概念でしょう。こんな略語もあると、参考程度にしてください。

GL：General Ledgerの略で、総勘定元帳のこと
CP：Commercial Paperの略で、コマーシャルペーパー（短期の無担保約束手形）のこと
AR：Account Receivableの略で、売掛金のこと
DD：Due Diligenceの略で、デューデリジェンス（主にM&Aなどの前に行われる調査）のこと

1-2 財務三表の意味

問題

A、B、Cの表の意味を選択肢から選びなさい。

A

流動資産	362,493
現金及び現金同等物	96,395
営業債権及びその他の債権	177,678
棚卸資産	41,253
その他の流動資産	47,163
非流動資産	132,144
有形固定資産	62,293
無形資産	17,581
繰延税金資産	20,316
その他の非流動資産	31,948
資産合計	494,638
流動負債	168,079
営業債務及びその他の債務	77,859
その他の流動債務	90,216
非流動負債	34,832
長期金融債務	22,309
その他の非流動債務	12,520
負債合計	202,911
親会社の所有者に帰属する持ち分	285,192
資本金	38,085
資本剰余金	57,883
利益剰余金	194,4810
その他の資本の構成要素	−5,257
非支配持分	6,531
資本合計	291,725
負債および資本合計	494,638

B

売上高	611,545
売上原価	465,385
売上総利益	146,158
販売費及び一般管理費	105,067
人件費	61,649
委託社員受入費	10,448
減価償却費	4,769
その他	28,198
営業利益	41,092
営業外利益	1,239
受取利息	70
受取配当金	121
持分法による投資利益	310
投資事業組合運用益	154
その他	579
営業外費用	336
支払利息	263
持分法による投資損失	0
投資事業組合運用損	0
その他	72
経常利益	41,995
特別利益	592
特別損失	1,145
税金等調整前当期純利益	41,442
法人税、住民税、事業税	14,908
法人税等調整額	1,484
少数株主利益	378
当期純利益	24,668

C

営業活動	
税金等調整前当期純利益	42,044
減価償却費及び償却費	13,227
受取利息及び受取配当金	−194
支払利息	355
営業債権等の増減額	−27,206
棚卸資産の増減額	−6,003
営業債務等の増減額	10,950
その他	−4,809
小　計	28,362
利息及び配当金の受取額	247
利息の支払額	−254
法人所得税の支払額	−17,129
営業活動	11,225
投資活動	0
有形固定資産の取得	−11,445
無形固定資産の取得	−2,877
その他	280
投資活動	−14,042
財務活動	0
自己株式の取得による支出	−4,384
配当金の支払額	−11,454
その他	−802
財務活動	−16,641
現金等の増減額	−19,336
現金等の期首残高	115,733
現金等の期末残高	96,395

選択肢

❶ 資産と負債（通常左右に配する）によって、会社の一定時点の財政状態を表している。

❷ 売上と費用の差額によって、会社の一定期間の資金の動きを表している。

❸ 収益と費用の差額によって、会社の一定期間の利益を表している。

❹ 株主と債権者の所有分を表している。

❺ 入金と出金によって、会社の一定期間の資金の増減を表している。

❻ 設立以来の会社の累積利益を収益と収支の関係から表している。

解答欄

A		B		C	

解答

| A | ❶ | B | ❸ | C | ❺ |

解説

通常、会社の会計期間は1年間です。その1年間の開始時を「期首」、終了時を「期末」、その間の期間を「期中」といいます。

そして、BSは期首、期末などある時点の財政状態を表し、PLとCFは期中の変化を表しています。PLとCFの違いは、PLは期中の利益／損失を段階的に表しているのに対して、CFは期中の現預金（キャッシュ）の増減を発生原因別に表しています。

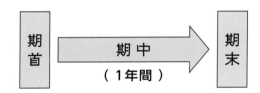

決算書と法律

　皆さんは「会計」の意味を知っていますか?

　「会計」は、英語ではaccountingといいますが、その元となるaccountには動詞の「説明する」という意味があります。

　ところで、企業は債権者・投資家等さまざまなステークホルダーに活動状況や成果を貨幣価値によって説明する必要があります。この説明のための資料作成や説明自体のプロセスのことを(企業)会計と呼びます。そして、「説明資料」では決算書が中心的な役割を果たします。

❶決算書の作成基準と法律は別のもの

　決算書に関連する重要な法律には、「会社法」「金融商品取引法(金商法)」「税法」の3つがあります。会社法は主に債権者保護、金商法は投資家保護、税法は税金計算のための法律です。

　では、この3つの法律が、決算書の作成基準に関して包括的・体系的に内容を定めているかというと、それは「No」です。

　会社法と金商法では、決算書の表示方法や開示ルールなどを定めているものの、全般的な内容については「一般に公正妥当と認められる企業会計の慣行/基準に従うものとする」としているだけです。また、税法は「確定した決算」から課税所得と課税所得から導き出される法人税を計算するためのルールを定めた法律で、「確定した決算」の税引後利益の計算方法については何も定めていません。

　つまり、日本には決算書の作成基準に関して包括的・体系的

に定めたルールはなく、長い間の慣行と企業会計審議会が定めた基準等が一体となって、決算書の作成基準をなしているのです。

❷3つの法律は必ずしも整合性がとれているわけではない

また、3つの法律は別々の視点に立脚したもので、必ずしも整合性がとれているとはいえません。

ちなみに、一般的に利用されている決算（書）という言葉は、会社法では「計算書類」、金商法では「財務諸表」、税法では「確定した決算」と呼ばれており、その構成要素も多少異なっています（財務三表といわれる「貸借対照表」「損益計算書」「キャッシュフロー計算書」のうちキャッシュフロー計算書に触れているのは金商法のみ）。

最近では、ビジネスワードとして一般的に耳にするようになった国際会計基準（IFRS）は、慣行によって生成されてきた日本の会計基準の対極にあるもので、プリンシパルベース（原則主義）の理念によって制定された会計基準です。1990年代後半以降、IFRSに影響を受け、日本でもさまざまな会計に関する変化（「会計ビッグバン」と呼ばれる）が起こりました。

2
PLを理解する

Check 2 PLを理解する

- ✔ 儲け（利益）のことを今まで一度も考えたことがない……というビジネスパーソンはいないでしょう。

- ✔ 利益については今さら説明など不要だという方もいるかもしれませんが、意外な盲点があるものです。

- ✔ 利益を表すPLについて理解しましょう。

2-1
PLの概要

問題

A、Bに最適な用語を選択肢から選びなさい。

$$利益 = 【\ A\ 】 - 【\ B\ 】$$

選択肢

❶入金　　❷費用　　❸資産　　❹純資産
❺収益　　❻出金

解答欄

A		B	

解答

| A | ❺ | B | ❷ |

解説

　この問題はビジネスの基本中の基本です。通常、私たちが「儲け」と呼んでいる利益は、収益と費用の差額として求められます。イメージとしては、下の図のようになります。

　なお、選択肢に出てきた入金（❶）と出金（❻）はCFの項目で、資産（❸）と純資産（❹）はBSの項目でそれぞれ学びます。

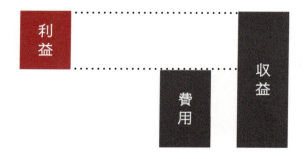

2-2
収益と費用の内訳

問題

A～Dに最適な用語を選択肢から選びなさい。

収益＝売上高＋【　A　】＋【　B　】

費用＝【　C　】＋【　D　】＋営業外費用＋特別損失

選択肢

❶ 営業外収益　　❷ 特別利益　　❸ 売上原価
❹ 販管費　　　　❺ 営業外売上高　❻ 特別売上高
❼ 間接売上高　　❽ 営業費用

解答欄

A		B	
C		D	

解答

| A | ❶ | B | ❷ | C | ❸ | D | ❹ |

解説

収益から費用を差し引くことで利益を表すのがPLです。さて、その収益と費用ですが、いずれももう少し細かく分かれます。以下がその内訳です（業種や会社によって若干異なりますが、概ね以下のようになっている）。

● 収益

売上高：会社が通常の営業活動を行うことによって得られた収益のこと

営業外収益（❶）：余剰資産の運用による受取金利など、定常的に発生するもので、売上高以外の収益

特別利益（❷）：災害に伴う保険収入など、定常状態で発生する売上高や営業外収益とは異なるもの

● 費用

売上原価（❸）：売上高計上に直接関連する費用のこと

販管費（❹）：販売費および一般管理費の略で、売上高計上に直接関連しないが、定常的に販売活動や管理部門で発生する費用のこと

営業外費用：支払利息等の金融費用など　定常的に発生する費用で、売上原価・販管費以外の費用のこと

特別損失：災害に伴う損失など、定常状態で発生する費用とは異なるもの

2-3 収益と費用の並べ方

問題

A～Dに最適な用語を右の選択肢から選びなさい。

```
　＋売 上 高
　△売上原価
　─────────
　　【 A 】
　─────────
　△販管費
　─────────
　　【 B 】
　─────────
　＋営業外収益
　△営業外費用
　─────────
　　【 C 】
　─────────
　＋特別利益
　△特別損失
　─────────
　　【 D 】
　─────────
　△法人税等
　─────────
　当期純利益
```

選択肢

❶ 限界利益
❷ 通常利益
❸ 経常利益
❹ 税引前当期純利益
❺ 社内利益
❻ 管理可能利益
❼ 売上総利益
❽ 営業利益
❾ 永久利益

解答欄

A		B	
C		D	

解答

A	❼	B	❽
C	❸	D	❹

解説

PLでは、次のように利益を段階的に表現しています。

売上総利益（❼）：「粗利益」（略して「あらり」）ともいう。本業の商品やサービスそのものの利益を表す
営業利益（❽）：販売活動や管理部門の費用を売上総利益から差し引いた本業全体の利益を表す
経常利益（❸）：金融収支なども含めた会社全体の利益を表す
税引前当期純利益（❹）：定常状態をはずれて発生した損益も含めた利益を表す
当期純利益：法人税等負担後の当期に会社が獲得した株主に分配可能な最終的な利益を表す

PLがこのような並び方をしているのは、上から見ていくことによって、会社の利益構造をわかりやすくするためです。

なお、限界利益（❶）とか、管理可能利益（❻）という言葉を聞いたことがあるかもしれませんが、それらは管理会計で出てくる言葉です。管理会計が何かについてはここでは触れませんが、会計の基礎を学んだ後に続けて学んでほしい分野です（ここでは「管理会計」という言葉だけを頭の片隅に残しておけば十分）。

業種別利益率（売上総利益と営業利益）

　当社の利益水準は妥当だろうか？

　これは、経営者でなくても気になることです。そのことを知ろうとした場合、皆さんであればどの段階の利益に着目しますか？

　おそらく、企業の本業の数字として売上総利益と営業利益に着目することでしょう。しかも、絶対額では企業間の比較が難しいので、売上高に対する比率を知りたいと考えるはずです。実は、この2つの売上高に対する比率は、企業を分析する際にとても重要な指標になります。

　これらの指標は個社によっても異なりますが、業種間でも違いがあります（一般的に、同業種内での差異は比較的微小である）。次ページの図はそれらをグラフにしたものですが、これを見て、どのようなことに気づきますか？

- 鉄鋼業から右の精密機械製造業へと進んでいくにつれて、売上原価率が下がる（＝売上総利益が増える）が、同時に販管費が増える傾向があり、結局、営業利益率は収斂する
- 営業利益率が15%を超えることはかなり難しい
- グローバルな競争が少なく、参入障壁が高い業種ほど、営業利益率が高くなりやすい

　こうした点が気づきのポイントです。数字の感覚がついてくると、PLを見るのが楽しくなりそうですね。

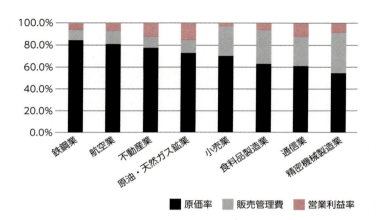

※1 業種別に売上高を100%と設定。
※2 一番下の黒い部分:売上高に対して売上原価が何%になるかを表示。
※3 中央のグレーの部分:売上高に対して販管費が何%になるかを表示。
※4 一番上の赤い部分:売上高に対して売上原価と販管費を除いた営業利益が何%になるかを表示。

(注) データ出所
・2016年2月初旬時点に入手可能な直近の有価証券報告書より作成。
・各業界を代表する企業(売上高上位3〜6位程度)の平均値。

2-4
売上原価と販管費(1)

問題

下の①と②で利益が多いのはどちらか答えなさい。

① @100円で2個仕入れたものが、@220円で2個売れた。
② @100円で2個仕入れたものが、@400円で1個売れた。
　 残った1個は明日売る予定。

※単価を「@」と表示する。

解答欄

解答

利益が多いのは❷です。
❶ 売上（440円）－費用（200円）＝利益（240円）
❷ 売上（400円）－費用（100円）＝利益（300円）

解説

陥りやすい間違いは、❷における費用を200円とする考え方です。

仕入れた金額が全額費用になるわけではありません。費用になるのは、仕入れたもののうち売れた分だけです。万が一、仕入れた金額全額が費用になるというのでは、年度末（期末）の仕入れによって、利益はいかようにも調整できることになってしまいます。それではおかしいですよね？！

2-5
売上原価と販管費（2）

問題

下の①と②で利益が多いのはどちらか答えなさい。

> ① 日給100円のアルバイトが、＠100円で仕入れたものを1日かけて＠150円で1個売った。
>
> ② 日給100円のアルバイトが、＠100円で仕入れたものを1日かけたが1個も売れなかった。売れなかった商品は明日売る予定。
>
> ※単価を「＠」と表示する。

解答欄

解答

> 利益が多い(損失が少ない)のは❶です。
> ❶売上(150円)－費用(200円)＝利益(△50円)
> ❷売上(0円)－費用(100円)＝利益(△100円)

解説

陥りやすい間違いは、❷における費用を0円とする考え方です。

問題2-4で、「費用になるのは仕入れたもののうち売れた分だけ」と解説しましたが、売り子(アルバイト)の人件費(アルバイト代)のようなものは、売れたかどうかに関係なく費用になります。

売上原価：仕入れに関わるような費用のこと
販管費：今回取り上げた問題のように、販売などに関わるような費用のこと

上の2つはPLの費用の中で1番上と2番目に分かれています(2-3「収益と費用の並べ方」を見直してみましょう!)。売上原価は売れた分だけが費用になり、販管費は売れたかどうかに関係なくかかった分(発生した分)はそのときに費用になる、というこの2つの違いには注意が必要です。

なお、売れ残った分が生鮮食料品等で明日以降は売り物にならない場合には、売上原価(商品仕入れ原価)も当日の費用となり、△200円となります。

2-6
売上原価と販管費(3)

問題

下の①と②で利益が多いのはどちらか答えなさい。

① 朝100円で仕入れた木材を日給100円の仏師が1日かけて仏像にした。仏像は夕方に150円で売れた。

② 朝100円で仕入れた木材を日給100円の仏師が1日かけて仏像にした。仏像は当日中には、売れなかった。

解答欄

解答

利益が多い(損失が少ない)のは❷です。
❶売上(150円)－費用(200円)＝利益(△50円)
❷売上(0円)－費用(0円)＝利益(0円)

解説

陥りやすい間違いは、❷における費用を100円(仏師の日給)とする考え方です。

問題2-5で、「売り子(アルバイト)の人件費(アルバイト代)のようなものは、売れたかどうかに関係なく費用になる」と解説しましたので、仏師の人件費も費用になると考えがちです。しかし、仏師の日給は売上原価なので、「費用になるのは売れた分だけ」の原則にしたがい、仏像が売れるまでは費用になりません。

また、「2つ(売上原価と販管費)の違いには注意が必要」とも説明しましたが、その違いの本質は売り物そのものの価値になっているかどうかです。売り子のアルバイトがどれほど一生懸命売っても売り物の価値は増えませんが、仏師が精魂こめて仏像にすることで木材以上の価値になるのです。

このように同じ「人間」の役務提供であっても、その役務提供が売り物そのものの価値になるかどうかで、売上原価になるのか、それとも販管費になるのかが変わってきます。

製造業では通常、工場勤務の人の人件費は、売り物そのものの価値になっていると考え、売上原価になります。

売上原価の算定(1)

問題

以下の文章を読んで設問に答えなさい。

@100円の商品を2つ仕入れ、その1つが@200円で売れた。このときの儲けは100円（売上：200円、売上原価：100円）になる。
追加で同じ商品を@50円で1つ仕入れることができた。そして、その後1つが@200円で売れた。
この販売（@50円で1つ仕入れた後の@200円の販売）の儲けを算定するために売上原価を算定する場合、選択肢から正しいものを選びなさい。
※単価を「@」と表示する。

選択肢

❶ 100円　　❷ 50円　　❸ 75円

解答欄

解答

❶ ❸ が正解です。

解説

「❶：@100円」と答えた人は、先に仕入れた2つのうち残った1つが売れたと考えたわけですが、このような考え方のことを先入先出法といいます。

「❷：@50円」と答えた人は、後に仕入れた1つが売れたと考えたわけですが、このような考え方を後入先出法といいます。後入先出法は従来、石油や鉄鉱石などを扱う業界で使われていましたが、2010年4月1日以後開始する事業年度から廃止されています。

「❸：@75円」と答えた人は、仕入れ値は違うが同じものが2つあるので、その平均を仕入れ値と考えたわけですが、このような考え方を平均原価法(総平均法)といいます。

利益とは客観的なものであり、誰が考えても正解は1つと考えがちですが、実際はそうではありません。利益は、妥当性があると考えられるルールに基づいて算出されるものなのです。

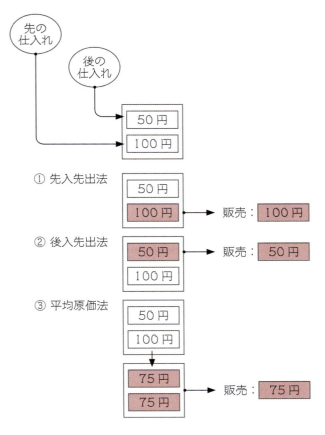

2-8
売上原価の算定(2)

問題

以下の文章を読んで設問に答えなさい。

倉庫に商品を積み上げているような業態では、棚卸（在庫確認）によって、以下のような式で期中の売上原価を計算する。

　売上原価（販売した商品の仕入金額合計）
＝期首在庫金額＋期中仕入金額－期末在庫金額

このとき、在庫金額＝個数×単価である。また、個数は棚卸で確認する。一方、単価については、実際の期中の仕入単価が均一でなくても、すべて最後に仕入れた単価で均一であるとする。

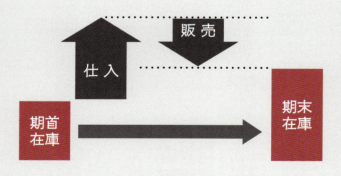

この場合、以下のケースにおける売上原価はいくらか、選択肢から選びなさい。

- 期首に在庫は20個
  （その際の在庫の単価は@1,000円とする）
- 期中の仕入れは10個で合計3回に分けた
  1回目（@1,100円×4個）
  2回目（@1,300円×4個）
  3回目（@1,200円×2個）
- 期末の在庫は25個

※単価を「@」と表示する。

選択肢

❶ 6,000円　　❷ 2,000円

解答欄

解答

> 売上原価は2,000円（❷）が正解です。
> 20個×1,000円
> 　＋（4個×1,100円＋4個×1,300円＋2個×1,200円）
> 　－25個×1,200円
> ＝2,000円

解説

単純に個数のみを計算して、最後に最終の仕入額である1,200円を乗じると、次のように6,000円になりますが、これは間違いです。

【誤】20＋10－25＝5個
　　　→　5個×1,200円＝6,000円

解答のように、そのつど金額に引き直していくのが正しい計算方法です。

また、期首在庫＝前期末在庫なので、設問の期首在庫の単価は1,000円（1,200円ではない！）という点も注意が必要です。

売上原価の算定における期末在庫金額の評価方法は、この設問で利用した「最終仕入原価法」以外にもさまざまな方法があります（最終仕入原価法は上場企業では使えない）。

ところで、上記の例では、売れた5個の1個当たりの単価は2,000円÷5＝400円になります。「設例の仕入単価は前期末で1,000円、当期仕入単価も1,100円、1,300円、1,200円なのに、

400円っておかしくないですか?」って思った方、するどいです!

　最終仕入原価法の欠点はまさにここにあります。そして、それゆえに上場企業では使えないのです。

　最終仕入原価法では、仕入価格の上昇局面に、常識よりも売上原価が低く(売上総利益が高く)計算されてしまいます。逆に仕入価格の下落局面では、常識よりも売上原価が高く(売上総利益が低く)計算されてしまいます。

　ではなぜ、このような最終仕入原価法が中小企業には許されているのでしょうか。それは、中小企業にとって在庫の受払管理(品目ごとに仕入数量と仕入金額、売上数量を記録した帳簿を作成すること)は煩雑で困難な場合もあることから、受払管理をできない中小企業でも対応可能な方法として「最終仕入原価法」を残している、という消極的な理由からなのです。

　仮に、上記の設例で「平均原価法(総平均法)」を採用していたとすると、売上原価は5,333円、1個当たりの原価(=期末在庫の単価)は1,067円となります。この結果ならば、しっくり「なるほど」となるのではないでしょうか。

　　{(20個×1,000円
　　　+(4個×1,100円+4個×1,300円+2個×1,200円)}
　　÷30個×5個
　=5,333円

棚卸資産の評価方法

　未上場の企業では、期末在庫のすべての単価を期末日に一番近い仕入単価で計算する最終仕入原価法を採用している会社が未だに多いようです。これは、計算が簡単だからです。

　最終仕入原価法は、期末に棚卸しして数量を確定し、仕入れの際の納品書で最終の単価がわかれば、在庫金額を計算することができます。また、期中の仕入金額は、そのつどの単価・個数がわからなくても合算金額がわかれば、「売上原価＝期首在庫金額＋期中仕入金額－期末在庫金額」が計算できます。

　一方、棚卸資産の評価方法には、「最終仕入原価法」以外にも「移動平均法」「月次総平均法」「先入先出法」等があります。しかし、これらの評価方法では、期末在庫の単価を計算するために、必ず仕入れごとに個数と単価を記録（継続記録）する必要があります。

　上場企業は、重要性のない棚卸資産を除いて、継続記録に基づく評価方法で評価することが求められています。多品種を扱う企業では、この継続記録を行うために、通常は業務管理システムを利用して台帳を作成しています。

　また、高価な貴金属製品を扱う業界などでは、「個別法」という方法（同種のものであっても、値段を個別に管理する方法）を採用している企業もあります。

　企業にはいろいろな評価方法が認められていますが、一度採用した評価方法はよほどの合理的な理由がない限り、変更することはできません。

2-9 売上原価の算定(3)

問題

以下の文章を読んで設問に答えなさい。

> ＠12円の商品を10個仕入れ、そのうち3個が＠50円で売れた。
> 残りの7個は明日売る予定だが、値下がりが確定しており、販売予定単価は＠10円である。このとき、今日の売上総利益を計算しなさい。
>
> ※単価を「＠」と表示する。

解答欄

解答

今日の売上総利益は100円です。
売上＝50円×3個＝150円
売上原価＝期首在庫金額＋期中仕入金額－期末在庫金額
　　　　＝0円＋（12円×10個）－（10円×7個）＝50円
売上総利益＝150円－50円＝100円
※ 在庫金額＝10円×7個＝70円

解説

　この設問では、売れ残った在庫が次の日に同じ売価（50円）では売れず、10円でしか売れないという見込みの場合について問うています。

　このような場合の在庫金額は、原価上の在庫金額である1個当たり12円と、次の販売予定単価である10円とを比較して、どちらか低いほうの単価で計上することになっています。

　この設問の場合、次の販売予定単価のほうが低いので、1個当たり10円となり10円×7個＝70円を在庫金額として、売上総利益を計算することになります。つまり、在庫を「時価」で評価しているということになります。

2-10
売上原価の算定(4)

問題

以下の文章を読んで設問に答えなさい。

> 問題2-9において、次の日に見込み（予定）通りに在庫7個が全部＠10円で売れた場合の売上総利益を計算しなさい。
>
> ※単価を「＠」と表示する。

解答欄

解答

> 売上総利益は0円です。
> 売上＝10円×7個＝70円
> 売上原価＝期首在庫金額＋期中仕入金額－期末在庫金額
> 　　　　＝70円＋0円－0円＝70円
> 売上総利益＝70円－70円＝0円

解説

　前の日に売れ残った単価10円のものが予定通りに単価10円で売れただけなので、売上総利益はゼロ円になります。

　仮に、前日に在庫を販売可能単価（これを「時価」と呼ぶ）に引き下げていなかった場合には、当日の売上総利益は売上70から原価84を差し引いた△14の赤字となります。

　当日は何も赤字になるような悪いことをしていないのに、赤字になってしまうのは、変だと思いませんか？　そのようにならないのが、時価による評価のメリットです。

　万が一、前日と当日で経営者が変わっていたとしたら、当日の経営者は前日までの決算書の在庫を70円まで引き下げてくれないと、自分の経営成績が正しく表せないと思うことでしょう！

2-11
売上の計上基準

問題

以下の文章を読んで設問に答えなさい。

> 売上が計上されるのはいつですか？ 以下の①〜④の中から選びなさい。
> ① 100円で仕入れた商品に対して、200円で買いたいという注文書をもらった。
> ② 100円で仕入れた商品に対して、200円で買いたいと注文書を送ってきた人に商品を郵送した。
> ③ 100円で仕入れた商品に対して、200円で買いたいと注文書を送ってきた人に商品が届いた。
> ④ 100円で仕入れた商品に対して、200円で買いたいと注文書を送ってきた人に商品を郵送したところ、後日、代金が振り込まれてきた。

解答欄

解答 ➤

❶❷❸❹ すべて正解です。

解説

意外かもしれませんが、すべてが正解になりえます。

売上高を計上するタイミング（「売上計上基準」という）には統一された基準がなく、自社でルールを決める必要があります。ただし、一度計上された売上高がすぐに取り消しになってしまうようでは、財務諸表に信頼をおけなくなりますので、基本的に売上高の取り消しがないようにルールを決めます。

ビジネスのスタイルによっては、それが❶であっても、基本的に売上高の取り消しがないようであれば、売上計上基準として十分に妥当といえるわけです。

なお、実務上は顧問税理士や顧問会計士などと相談をしながら、商品やサービスの特性を踏まえて決定します。

工事進行基準（売上計上基準）と粉飾

　2015年夏、東芝の不正会計（粉飾）問題で、プラント事業における工事進行基準に関する粉飾実態が第三者委員会報告書で明らかになりました。

　「工事進行基準」というのは、簡単にいえば、工事の進捗率に応じて請負金額を売上計上するという方法で、建築業界やソフトウェア業界などで用いられている売上計上基準の一つです。

　日本では、以前は工事が完成した時点や相手方の検収を得た時点ですべての請負金額を売上計上する「工事完成基準」や「竣工基準」が原則とされ、工事進行基準は工事期間が1年超の長期にわたり、かつ請負金額が多額に及ぶものに限定するなど例外的に適用されていました。それが、現在では少額短期の工事を除くすべての工事が、「工事進行基準」で売上を認識測定することが求められています。しかし、この「工事進行基準」は進捗率の把握方法に恣意性の入る余地が高いため、粉飾リスクの高い売上計上方法といえます。

　進捗率の計算方法は、ほとんどの企業が下記の計算式で計算していますが、下式の①と②のいずれにおいても、恣意性の入る余地が多々あります。

工事進捗率＝実際発生原価（①）÷工事見積総原価（②）

　①の実際発生原価については、利益率の低い工事で発生した原価を利益率の高い工事に付け替えして、利益操作をするとい

う例がよく見受けられます。

　②の工事見積総原価は、通常、契約後工事開始前までに算定されている必要があります。しかし、何らかの理由によって、見積が確定できずに工事が始まってしまうこともありますし、いったん概算で工事見積総原価を計算して進捗率を計算し売上を計上した後に、再度原価の見直しをすると、極端に総原価が増減するといったこともあります。

　このように、工事進行基準は恣意性を多分に含むため、粉飾のしやすい売上計上基準なのです。

2-12
減価償却

問題

以下の文章を読んで設問に答えなさい。

> 下の①と②とで利益が多いのはどちらか答えなさい。なお、電子レンジに関わる費用は売上原価として考えること。
>
> ① 1日のレンタル代が20円の電子レンジを利用し、100円で仕入れた原料を使い切って10個のパンケーキを作ったところ、3つが@50円で売れた。残りは冷蔵庫に入れた。
>
> ② 1万円で耐用年数3年の電子レンジを買い、100円で仕入れた原料を使い切って10個のパンケーキを作ったところ、3つが@50円で売れた。残りは冷蔵庫に入れた(年中無休のパン屋と仮定)。
>
> ※単価を「@」と表示する。

解答欄

解答

> 利益が多いのは❷です。
>
> ❶ 114円
>   売上：50円×3個＝150円
>   費用（原料）：100円÷10個×3個＝30円
>   費用（レンジ）：20円÷10個×3個＝6円
>   利益＝150円－30円－6円＝114円
>
> ❷ 117円
>   売上：50円×3個＝150円
>   費用（原料）：100円÷10個×3個＝30円
>   費用（レンジ）：
>   1万円÷（365日×3年）÷10個×3個≒3円
>   利益＝150円－30円－3円＝117円

解説

　この問題では「割り勘」と「期間按分」がポイントになります。まず、❶の利益を計算するにあたり、電子レンジは何度も使えるので1日に10個を前提として、1個当たりの費用を「割り勘」にして算出しています。

　次に、❷の利益を計算するにあたり、電子レンジは何日も使えるので「期間按分」にして1日当たりの費用を考え、さらに1日に10個を前提にとして1個当たりの費用を考えています。

　このうち後者❷の期間按分の考え方を減価償却といいます。長期間利用できるものは、買ったときに全額を一度に費用にしないで、期間按分して少しずつ費用にします（減価償却をする）。

会計では、このような減価償却の考え方によって、期間ごとの儲けを正確に算出する工夫がされています。なお、会計上の長期間とは、使用終了までの期間が1年を超えるものと考えてください。会計は、1年を基準に長期と短期を分けています。

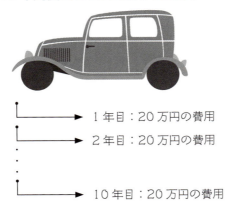

10年間使える200万円の自動車

- 1年目：20万円の費用
- 2年目：20万円の費用
- ・
- ・
- ・
- 10年目：20万円の費用

減価償却の方法

　減価償却という言葉は、一般的なビジネス用語としてもよく耳にします。概念としては、一度に費用にせずに、資産として計上されたものを徐々に費用にしていくというものですが、概念だけでなく、以下の3点を理解しておくとよいでしょう。

❶償却期間（耐用年数）

　まず、償却期間（耐用年数）についてです。つまり、どのくらいの期間にわたって利用できると想定するかです。この期間は、企業によって違ってもかまいません。「この機械は一般的に5年程度が寿命といわれているが、当社は物を大切に扱うので10年間にわたって減価償却をする」でもかまわないのです。

　しかし、このように企業ごとに耐用年数がバラバラでは、実態が同じでも利益の額がバラバラになり、利益に課される税金に不公平が生じてしまいます。そこで、税金を計算する際には、すべての企業が税法で定められた耐用年数を利用して計算することになります。

　しかしそれでは、企業は税務用の数字と投資家・債権者向けの会計用の数字を二本立てで管理しなければなりません。そこで、これを面倒だと考える会社では、税法が定める耐用年数をそのまま利用しています。

❷償却方法

減価償却に関して理解しておきたい2点目は、償却方法です。設問では、単純に毎年、同じ額を減価償却するように考えました。このような考え方を定額法といいます。

定額法の他にも、毎年、前年度の残高に一定率を乗じてその額を減価償却するという定率法という方法があります。この2つの違いを図示すると、次のようになります。

定額法の場合

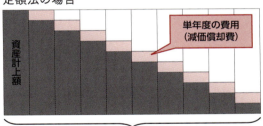

定率法の場合

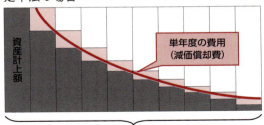

❸減価償却しない資産

そして、減価償却に関して理解しておきたい3点目は「減価償却しない資産がある」ことです。これは、どれほど使っても価値が減らないものもある、ということです。たとえば、土地や古美術品などが該当します。

なお、牛馬果樹等は、成熟年齢または成熟樹齢に達してはじめて減価償却の対象となります。また、棚卸資産は減価償却の対象外なので、不動産業者が販売目的で所有する建物などは減価償却しません（販売目的でない本社の社屋は固定資産に計上され、減価償却の対象になる）。

減却償却についてはこの3点を理解しておくとよいでしょう。

2-13
廃棄損

問題

以下の文章を読んで設問に答えなさい。

問題2-12の①（1日のレンタル代が20円の電子レンジを利用し、100円で仕入れた原料を使い切って10個のパンケーキを作ったところ、3つが@50円で売れた。残りは冷蔵庫に入れた）において、翌日に残りの7個を売ろうとしたところカビが生えていたので廃棄した。

この場合（翌日）の利益を下の選択肢から選びなさい。

※単価を「@」と表示する。

選択肢

❶ 0円　　❷ △70円　　❸ △84円

解答欄

解答

> 正解は ❸ です。
> 廃棄した7つのために費やした値段は、
>
> 　原料：100円÷10個×7個＝70円
> 　レンジ：20円÷10個×7個＝14円
>
> となります。この合計額である84円が損失になるので、❸ が正解です。

解説

　まだ販売していなかった分の製造代は、販売されるとその時点で売上原価になりますが、廃棄した場合にはその時点で廃棄損として費用になります。

　同様に、まだ減価償却がしきれていないレンジが故障し使えなくなってしまったような場合も、その時点で除却損として費用になります。

2-14 消費税

問題

以下の文章を読んで設問に答えなさい。

消費税が8％として、下の①と②とで利益が多いのはどちらか答えなさい。
① 税込み108円で仕入れたものを、税込み216円で売った。
② 税込み108円で仕入れたものを、海外のお客様に税なし200円で売った。

解答欄

解答

> ❶と❷、いずれも利益は100円になります。

解説

利益＝収益－費用ですが、消費税は収益にも費用にも含まれません。したがって❶と❷のいずれであっても、利益は以下のようになります。

利益＝200円－100円

つまり、消費税の税率が上がっても、会社の収益が増えることも、費用が増えることもないということです。

通常、消費者はモノを購入する際に消費税を支払います。しかし、それは売り手（会社）にとっては収益ではありません。なお、それがどこにいってしまうのかについては、BSを理解した後に考えてみましょう！

会社は、売上などの収益の受け取りに際してとりあえず消費税を顧客から預かり、費用などの支払いに際してとりあえず消費税を支払先に預けています。そして、最終的には預かった額から預けた額を差し引き、その残額を、消費者に代わって国に納付します。つまり、消費税は消費者が負担し、会社が一時的に預かり、最終的に会社が国に納付をするものなのです。

なお、税抜きと税込みについてはコラム（P.147）を参照してください。

消費税

　私たちが買い物をする商品の価格には、必ずといっていいほど消費税が上乗せされています。

　消費税とは、モノやサービスの「消費」に対して課される税金のことです。事業者の販売するモノやサービスの価格に上乗せされて、製造から卸、卸から小売り、小売りから消費者へと順次転嫁され、最終的に消費者がモノを購入する、あるいはサービスの提供を受ける際にすべて負担します。そして、消費者が負担した消費税は、それを受け取った事業者が国に対して申告し、納税します。

　消費税は、製造、卸、小売り等の各取引の段階で、それぞれの取引金額に対して課税されます。しかし、各事業者が取引の相手方から受け取った消費税をそのまま国に納めると、1つのモノに対して二重、三重に累積した莫大な消費税が国に納税されることになります。

　そこで、各事業者が国に納める消費税の額は、収益に関わる消費税の額（受け取った消費税の額）から費用に関わる消費税の額（支払った消費税の額）を差し引いて計算することとされています。この仕組みによって、各取引段階の事業者が納付する消費税の合計額が、消費者が負担した消費税の額に対応するようになっているのです。

　なお、消費税は国内における消費一般に広く公平に負担を求めることとされていますが、土地の譲渡・貸付け、有価証券の譲渡、貸付金の利子等のようにその性格になじまないものや、

社会保険医療費や住宅賃貸料等のように社会政策的配慮から、一部の取引については非課税とされています。

また、輸出取引は免税です。したがって、外国人旅行者の増加により増えている「Tax Free」を掲げる免税店（輸出物品販売場）における非居住者に対する特定の商品の販売についても、輸出類似取引として免税となっています。

2-15 法人税

問題

下の①と②で利益が多いのはどちらか答えなさい。

① 設立1年目の税引前利益が20円
　設立2年目の税引前利益が50円
　実効税率15％（A国）の法人の2年目の当期純利益
② 設立1年目の税引前利益が△20円
　設立2年目の税引前利益が70円
　実効税率40％（B国）の法人の2年目の当期純利益

※会計上の利益＝税金計算上の利益とする。

解答欄

解答

利益が多いのは❷です。
❶ 42.5円＝利益－税金＝50円－50円×15％
❷ 50円＝利益－税金＝70円－（70円－20円）×40％

解説

　この問題のポイントは、税務上は赤字（欠損金）が繰り越せる点にあります。

　税金は「税金計算上の利益に税率を乗じて計算する」のが原則ですが、前年などが赤字（欠損金）の場合、その年度の利益から前年の赤字を差し引き、差し引き後の利益に税率を乗じることになります。ですから❷のほうが、利益が多くなるのです。

　税金は複雑ですが、法人が負担しPLに計上される主な税金として、「法人税」「住民税」「事業税」の３つは覚えておきましょう。

　これらは原則として、法人の利益に対して課せられるものです。しかし、この場合の利益は税金計算上の利益であり、PL上の利益に若干の修正を加えたものとなります。

　なお、上記の３つの税金のうち事業税は、税務上も費用（損金）となるため、これを考慮して実質的に負担する税金の額が、税引前当期純利益のどの程度を占めるかを実効税率といいます。日本の場合は、概ね30％程度となっています。

所得と利益の違い

　法人税の課税の対象は、各事業年度の「所得の金額」で、以下の式から算出します。

所得の金額＝益金の額－損金の額

　「益金の額」は会計上の収益に相当し、「損金の額」は会計上の費用に相当します。したがって、法人税法上（以下、単に「税法上」と表記）の「所得の金額」は、基本的には会計上の利益の金額（収益－費用）に相当します。

　しかし、実際には、さまざまな調整を行うため、会計上の利益の金額が、そのまま税法上の所得の金額となることはほとんどありません。この調整は、両者の目的の違いから生じます。

　会計上の利益は、主として企業の財政状態および経営成績を正しく認識し、配当可能財源を表示する目的で計算されます。一方、税法上の所得は、課税の公平や適正な税負担の実現等を目的として計算されます。

　その過程で、会計上は収益であっても税法上は益金としないもの（益金不算入）や費用であっても損金としないもの（損金不算入）、逆に、会計上は収益としないものであっても税法上は益金とするもの（益金算入）や費用としないものであっても損金とするもの（損金算入）が発生します。

　このように、両者の間に差異が生じることから、実務上、税法上の所得の金額は、会計上の利益の金額にこれらの調整を加

えて計算します。そして、この調整のことを 税務調整 といいます。

　　税法上の所得の金額
　＝企業会計上の利益の金額
　　＋損金不算入（会計上は費用だが、税法上は損金とならないもの）
　　＋益金算入（会計上は収益とならないが、税法上は益金となるもの）
　　－損金算入（会計上は費用とならないが、税法上は損金となるもの）
　　－益金不算入（会計上は収益だが、税法上は益金とならないもの）

2-16
PLの概観と企業活動

問題

以下の文章を読んで設問に答えなさい。

> A、B、Cは家電3社のPL（2015年3月末までの1年間／連結ベース）を金額に応じたボリュームで表現したものです。それぞれの企業名を、選択肢から選びなさい。
>
> なお、グラフの左側が費用、右側が収益なので、差額が利益になります。つまり、AとCは赤字決算ということです。

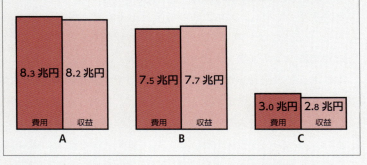

選択肢

❶ パナソニック　　❷ ソニー　　❸ シャープ

解答欄

A	B	C

解答

| A | ❷ | B | ❶ | C | ❸ |

解説

　家電量販店での販売量を考えると、収益の大きさ（PLの大きさ）は概ねイメージ通りだったと思います。一方、利益の大きさについても、ソニーとシャープの業績不振を新聞やテレビで見聞きしていれば、イメージ通りだったでしょう。

　当然ですが、PLは企業活動の結果を示すものなので、企業活動を知っていれば、PLのイメージは大体わかるものです。これが財務諸表分析のスタートです。

　本書は会計の基礎を学ぶことが目的なので、財務諸表分析には踏み込みませんが、企業活動と財務諸表は、実態と影のように常に結びついているものだということを忘れないでください。

　また、「ソニーが赤字だといっても、パナソニックとの違いはほんの数％程度で大きな違いはないじゃないか！」と感じた方も多いかもしれません。しかし、ビジネスは収益に対して数パーセントの利益を残せるかどうかというシビアな世界です。このことは、ビジネスパーソンとして肝に銘じておきましょう。

3
BSを理解する

- ✓ PL（利益）について理解をすれば、会計は十分だと思うかもしれませんが、それでは不十分です。

- ✓ PL（利益）を生み出す源泉は、企業が保有するさまざまな資産です。この資産とあわせて負債を表示するのがBSです。

- ✓ バランスシート経営（BSに注視する経営姿勢）という言葉を聞く機会が増えました。BSの重要性が強調される時代です。

- ✓ この章では、PLに続きBSについて理解しましょう。

3-1
BSの全体像

問題

Aの概念にふさわしくない用語を選択肢から選びなさい。

選択肢

❶当期利益 　　❷純資産 　　❸資本

解答欄

解答

> **❶**

解説

　BSの左側には会社が保有するさまざまな資産が、右側にはさまざまな負債が並んでいます。通常、資産と負債の金額は同一ではありません。ずっと利益を上げてきた会社は資産のほうが多いでしょうし、その反対に赤字続きの会社では負債のほうが多いかもしれません。その左右の差額のことを<u>純資産</u>といいます。つまり、純資産は次のような式で表されます。

純資産＝資産－負債

　純資産がマイナスのときは資産よりも負債のほうが多いことになるので、<u>債務（＝負債）超過</u>の状態にあるといいます。

　負債のほうが多いので、債務超過の会社は、資産をすべて売却しても負債を返済することができません。つまり、純資産とは、資産をすべて売却し、その売却代金で負債をすべて返済したときに手元に残る金額です。この手元に残る金額が株主の持分といえるわけです。

　純資産の内訳には、資本金・利益剰余金などがありますが、これらは、<u>株主の持分がどのように生じてきたのかという源泉</u>を表しています。

　この問題の選択肢❶は単年度に生じたもの、❷と❸は累積的なものです。そして、株主の持分は累積的に積み上がるので、❶が

「ふさわしくない」ものになり、正解となります。

　なお、資産と負債の差額を「自己資本」や「資本」と呼ぶこともありますが、あくまで正確な呼び方は純資産です。ただし、会計の基礎の段階では、純資産＝自己資本＝資本と考えていても、大きな問題はありません。

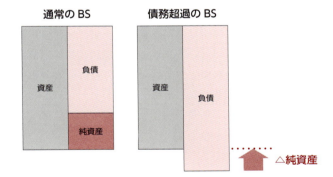

連結って難しいの？

　私たち人間に親子関係があるように、会社にも親子関係があります。会社の場合、株式の保有という資本関係が親子関係を決めます。その関係の濃さは、「子会社」「関連会社」「その他」の3段階です。私たちにとっての親子・親戚・遠縁といった感じでしょうか。その見極めは、簡単にいえば子会社は50％超の株式を保有、関連会社は20％以上となります。

　財務諸表といった場合、かつては個社ごとのもの（単体）を指すケースが多かったのですが、昨今は企業のグループ化、グローバル化の進展に応じて連結が重視され、連結財務諸表を指すのが一般的になりました。それでは、財務諸表において、単体と連結とではどのような違いがあるのでしょうか。

　単体の財務諸表には子会社の売上・費用、資産・負債が計上されていません。これに対して、連結の財務諸表では、子会社の売上・費用、資産・負債すべて（ただし、親会社との取引、債権・債務は相殺消去される）が計上されます。なお、関連会社は売上・費用、資産・負債すべてを取り込むのではなく、利益の持分のみが取り込まれます。

　利益剰余金も連結BSに反映されることになるので、子会社業績がよいのに配当金を出していないような場合には、「連結上の利益剰余金＞親会社単体の利益剰余金」になります。逆に、子会社業績が悪いのに親会社が子会社株式を減損処理していない場合には、「連結上の利益剰余金＜親会社単体の利益剰余金」になります。

連結財務諸表には、親会社単体の財務諸表よりも子会社の業績や財政状態が適時に反映されているので、企業グループ全体の財政状態や業績を判断するには、連結財務諸表の分析が必須となります。

　連結作業は、親会社が新規に子会社を設立して企業グループを構成しているような会社ではさほど難しくありません。すべての子会社の財務諸表を単純合算してから、親子間取引と債権債務を消去し、グループ会社から仕入れた棚卸資産や固定資産に含まれるグループ内利益を消去すれば、連結財務諸表を作成することができます。

　ただし、すでに存在している企業を別の株主から購入してグループ化した場合には、資本と投資の相殺処理の段階でややこしい処理が必要となります。それは、コラム「のれんって何？」（P.83）で説明する「のれん」の評価、資産・負債の時価評価が必要になるからです。

　ところで、連結と単体ではPLの構造がまったく異なる業界があります。それは、電機、商社、製薬業界などグローバル化の進んでいる業界です。これらの業界では、単体PLは営業利益が赤字でも、海外子会社からの受取配当金によって経常利益が黒字となっています。これらの会社では連結すると海外子会社の利益が合算されるので、営業利益が黒字になります。単体で見るか、連結で見るかによって、業界別利益率も異なるので、注意が必要です。

3-2
BSに計上されるものとPLに計上されるものの違い

問題

次の①〜⑳の【　】に、「資産」「負債」「収益」「費用」から該当するものを記入しなさい。

解答欄

① 【　　】会社が金庫に保有している現金100万円
② 【　　】社員が海外出張に行くので、会社が当座の資金として渡した50万円
③ 【　　】銀行に借りた500万円のうち未返済の250万円
④ 【　　】社員が立て替えた経費で、未精算の2,000円
⑤ 【　　】商品の売上代金10万円
⑥ 【　　】会社が関連会社の設立に際して出資した1,000万円
⑦ 【　　】支出済みの広告の掲載代200万円
⑧ 【　　】会社が営業用に購入した400万円の自動車
⑨ 【　　】販路確保のために支払った300万円の権利金
⑩ 【　　】社員が会社に貸している20万円
⑪ 【　　】仕入先に支払っていない先月の仕入れ代金200万円

⑫【　　】入金済みのサービス提供による売上20万円
⑬【　　】10万円で売却した商品の仕入金額5万円
⑭【　　】社員の給与50万円
⑮【　　】銀行からの借入に伴い発生した50円の支払い金利
⑯【　　】会社が得意先から回収していない売上代金300万円
⑰【　　】受け取った2,000円の預金金利
⑱【　　】社員が会社から借りている100万円
⑲【　　】BSの簿価が100万円だった営業用自動車を、中古として120万円で販売した際の20万円の売却差額
⑳【　　】BSの簿価が100万円だった営業用自動車を、中古として80万円で販売した際の20万円の売却差額

解答

① 【 資産 】会社が金庫に保有している現金100万円
② 【 資産 】社員が海外出張に行くので、会社が当座の資金として渡した50万円
③ 【 負債 】銀行に借りた500万円のうち未返済の250万円
④ 【 負債 】社員が立て替えた経費で、未精算の2,000円
⑤ 【 収益 】商品の売上代金10万円
⑥ 【 資産 】会社が関連会社の設立に際して出資した1,000万円
⑦ 【 費用 】支出済みの広告の掲載代200万円
⑧ 【 資産 】会社が営業用に購入した400万円の自動車
⑨ 【 資産 】販路確保のために支払った300万円の権利金
⑩ 【 負債 】社員が会社に貸している20万円
⑪ 【 負債 】仕入先に支払っていない先月の仕入れ代金200万円
⑫ 【 収益 】入金済みのサービス提供による売上20万円
⑬ 【 費用 】10万円で売却した商品の仕入金額5万円
⑭ 【 費用 】社員の給与50万円
⑮ 【 費用 】銀行からの借入に伴い発生した50円の支払い金利
⑯ 【 資産 】会社が得意先から回収していない売上代金300万円
⑰ 【 収益 】受け取った2,000円の預金金利
⑱ 【 資産 】社員が会社から借りている100万円
⑲ 【 収益 】BSの簿価が100万円だった営業用自動車を、中古として120万円で販売した際の20万円の売却差額
⑳ 【 費用 】BSの簿価が100万円だった営業用自動車を、中古として80万円で販売した際の20万円の売却差額

> **解説**

　資産は目に見える現金や商品、営業用自動車などだけではなく、以下のものも含みます。

- 「お金を貸しているがまだ返済がない」「売上代金をまだ受け取ってない」や、「社員に仮払いをしてまだ精算が済んでいない」のように費用になるまでの一時的なものも含めた広義の金銭債権
- 特許や権利などのように無形だが、価値のあるもの

　つまり、資産とは「経済的便益（現預金の流入に直接的または間接的に貢献する潜在能力）」があるモノゴトのことです。たとえば、金銭債権であれば直接的に現預金の流入に貢献しますし、棚卸資産や固定資産であれば営業活動を通じて間接的に現預金の流入に貢献します。

　そして、すでに「経済的便益」をなくしたモノやコトが費用となります。ざっくりといえば、資産は「価値がある」が、費用は「すでに価値がなくなっている」ということです。

　一方、負債は銀行からの借入以外に以下のものも含みます。

- 「社員などから借りている」「物を買ったけれどまだ払っていない」「とりあえず立て替えてもらっている」や、「お金は入っているが、まだ収益として認識されていない」のように収益になるまでの一時的なものも含めた広義の金銭債務

つまり、負債とは、将来の経済的便益の流出が予想される（流出の可能性がある）モノゴトのことです。そして、「経済的便益」をすでに取り込んだモノゴトが収益です。

のれんって何？

「のれん」は、連結財務諸表の作成時や、M&A等の企業結合の際に計上されるものです。結合対価と結合時に引き継ぐ資産・負債の引継側の取得原価に差額が生じた場合に、その差額が「のれん」に計上されます。たとえば、時価2億円の企業を3億円で取得したようなときに、1億円が「のれん」として計上されるということです（厳密にはもう少々複雑ですが）。

差額がプラスの場合、つまり企業結合の対価が引き継ぐ資産・負債の取得原価よりも高い場合には、「のれん」は資産に計上されます。言い換えれば、資産に計上される「のれん」とは、結合対象となった企業で、会計上識別されている純資産を超えた企業価値ともいえます。

その超過した価値が、ブランドやノウハウ、特許権として明確に識別できるものであればそれぞれの勘定科目で計上されますが、渾然一体となっていて個別に識別できない場合には「のれん」として一括計上されます。

一方、差額がマイナス、つまり企業結合の対価が引き継ぐ資産・負債の取得原価よりも低い場合には、資産ではなく、「負ののれん」として、結合した事業年度に特別利益に振り替えられます。

「のれん」計上後の会計処理について、日本の会計基準と国際会計基準（IFRS）とでは大きな違いがあります。日本基準では、20年以内の期間で規則的に償却し、かつ、減損の可能性があれば、時価まで減損処理することが求められています。

一方、国際会計基準では償却は求められておらず、毎期減損の要否を判断して、減損すべき事実が発生している場合には時価まで減損します。

3-3 知らないとピンとこないBSの勘定科目

問題

次の①〜⑥の【　】に、「売掛金」「仮払金」「前渡金」「買掛金」「前受金」「未払金」から該当する勘定科目を記入しなさい。

解答欄

① 【　　　】社員が海外出張に行くので、会社が当座の資金として渡した50万円

② 【　　　】仕入先に事前に支払った代金200万円

③ 【　　　】会社がまだ得意先から回収していない売上代金300万円

④ 【　　　】仕入先にまだ支払っていない先月の仕入れ代金200万円

⑤ 【　　　】社員の給与のうち支払いが翌月になる残業手当2万円

⑥ 【　　　】会社のサービスを受ける会員が事前に支払ってきた翌年度の年会費

> **解答**

① 【 **仮払金** 】社員が海外出張に行くので、会社が当座の資金として渡した50万円
② 【 **前渡金** 】仕入先に事前に支払った代金200万円
③ 【 **売掛金** 】会社がまだ得意先から回収していない売上代金300万円
④ 【 **買掛金** 】仕入先にまだ支払っていない先月の仕入れ代金200万円
⑤ 【 **未払金** 】社員の給与のうち支払いが翌月になる残業手当2万円
⑥ 【 **前受金** 】会社のサービスを受ける会員が事前に支払ってきた翌年度の年会費

> **解説**

勘定科目は、各会社によって分類や科目名が異なりますが、BSの債権債務に関わる上記の勘定科目は、会計の世界では一般的に使われるので覚えておくとよいでしょう。

「内部留保を景気浮上に使え!」は正しいか?

　会社は株主だけでなく、債権者や社員、顧客など多くのステークホルダーのために存在すべきものです。しかし、会社の純資産は、最終的には株主に帰属するものです。

　ところが、最近よく、政治家が企業の内部留保が何百兆円も眠っているのだから、それを使って給与を上げたり、設備投資をして、「景気浮上に貢献すべきだ論」をぶちあげています。

　おそらく企業のBS上の利益剰余金のことを内部留保と言っているのだと思いますが、この「利益剰余金」は、企業が長年の経営によって稼いできた税引後利益の累計から配当金等で処分した残額のことをいいます。これは純資産の一部で、最終的に株主に帰属するものなので、投資のリターンを検討することもなく、景気浮上のために毀損してしまっては、株主から訴訟を起こされること請け合いです。

　さらに、使えるお金は、BSの現預金という資産に計上されていますが、この現預金の源泉は上記の純資産であったり、負債であるわけです。決して、利益剰余金と同じ金額の現預金が会社に残っているわけではないのですが(ここまで本書を読んでいる皆さんはご存知の通り)、その点も理解していないのではないかと思わせる発言でもあります。

　なお、純資産の中でも利益剰余金は社員の貢献により積み上げられたもので、社員にも帰属すると考えている人もいるようですが、それは間違いです。社員の貢献は、給与などで精算されています。

利益剰余金は本来であれば、全額株主に対して配当として出してしまうことも可能ですが、全額配当をしないことを株主に承認してもらい、配当せずに企業の再投資のために留保しているものです。したがって、実質的には株主から資金調達をしたもの、つまり株主のものなのです。

3-4 BSの並び順

問題

A、Bに最適な用語を選択肢から選びなさい。

> BSの資産の表記順は【　A　】で並んでいる。一方の負債は【　B　】で並んでいる。

選択肢

❶ 五十音順　　　　❷ 自由な順　　　　❸ 金額の大きい順
❹ 金額の小さい順　❺ 換金性の高い順　❻ 利息の安い順
❼ 価値の高い順　　❽ 返済期日の近い順

解答欄

A		B	

解答

| A | ❺ | B | ❽ |

解説

　資産を「貨幣性資産」と「費用性資産」に分ける考え方があります。「貨幣性資産」とは、売掛金のように一定期間経過後に現預金が流入する資産です。一方、「費用性資産」とは、設備機械のように将来減価償却等により費用になる資産です。

　現預金が流入したり、費用になる時期がBS上の期末日から1年以内のものを「流動資産」、1年を超えるものを「固定資産」に分類し、「流動資産」→「固定資産」の順に並べます。つまり、「流動」と「固定」の2つの境目は1年です。

　「流動資産」「固定資産」の中では、貨幣性が高い（換金性が高い）ほど上に並び、費用性が高い（換金性が低い）ほど下に並びます。

また、「繰延資産」とは、「すでに対価の支払いが終了し、または支払義務が確定し、それに対応する役務の提供を受けたが、その効果が将来にわたって発現される費用」のことです。つまり、収益との対応関係から繰り延べられたもので、換金価値を持ちません。ですので、一番下にきます。

　資産同様、負債を「貨幣性負債」と「収益性負債」に分ける考え方があります。「貨幣性負債」とは、買掛金や借入金のように一定期間経過後に現預金が流出する負債です。一方、「収益性負債」とは、前受金のように将来収益に振り替わる負債です。

現預金が流出したり、収益（費用のマイナス）になる時期がBS上の期末日から1年以内のものを「流動負債」、1年を超えるものを「固定負債」に分類し、「流動負債」→「固定負債」の順に並べます。つまり、「流動」と「固定」の2つの境目は1年です。

　「流動負債」「固定負債」の中では、現預金が流出する可能性が高い科目ほど上に並び、収益（費用のマイナス）に振り替わる可能性が高い科目ほど下に並びます。

　BSの並び順は業種によって若干異なることもありますが、一般的には上記の通りとなります。

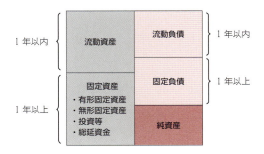

リースの会計

　リース取引もBSに計上する必要があることを知っていましたか？

　リース取引のうち、リース期間内で解約してもペナルティが高くないもの（ペナルティが残存期間のリース料相当額に遠く及ばないようなもの）は、通常の賃貸借処理（月々のリース料を費用処理する）をすれば大丈夫です。

　しかし、中途解約した場合に、残存期間のリース料相当額をペナルティとして支払わなければならないようなリース取引はそうはいきません。このようなリース取引は「ファイナンスリース取引」といい、リース物件を資産計上する必要があります。そのような取引は、資産をリースしているというよりも、資産を保有し、同時にお金を借りていると理解されるからです。

　細かくは、契約上所有権が移転するかどうかによって会計処理が若干異なりますが、基本的には、リース期間中のリース料が資産を購入した場合に支払う金額の9割を超えていて、リース契約の解約不能期間が資産の耐用年数の75％を超えるようなリース取引については、長期賦払いで売買したものと同様と考え、売買処理を行います。そうでないリース取引は、賃貸借処理です。

3-5
BSの資産の評価基準（1）

問題

以下の文章を読んで設問に答えなさい。

> A社では、現預金が一時的に潤沢だったので、資金運用を考え株式投資（上場株）をした。投資額は5,000万円。ところが、その後の景気悪化に伴い株価が下落し、決算時には4,000万円相当になってしまった。
>
> この場合の決算期のBSに計上される「有価証券」の金額を選択肢から選びなさい。

選択肢

❶ 5,000万円　　❷ 4,500万円　　❸ 4,000万円

解答欄

解答

❸の4,000万円です。

解説

BSの資産に計上される金額は、基本的には、取得原価といわれる実際に取得した時点の金額になります。しかし、上場株式のように時価がある金融資産は、決算時点での時価を反映させることになります。

このように時価を反映させることを時価会計といいます。時価変動に伴う、BSの左側（資産側）の増減を受けて、右側では純資産が増減することになります。

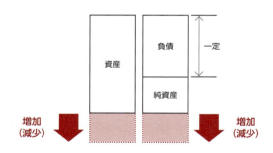

3-6
BSの資産の評価基準(2)

問題

以下の文章を読んで設問に答えなさい。

> A社では、将来的に10億円の利益が見込めるとして、新規事業を開始するための生産設備を2億円で取得した。ところが、事業計画が甘かったようで、3年後に再度試算したところ、将来の利益の累積額が5,000万円にしかならないことが判明した。将来の5,000万円は、現時点では金利などを考えると4,500万円の価値しかないと判断された。
>
> この場合の今期の決算期のBSに計上される生産設備の金額を下欄の選択肢から選びなさい。

選択肢

❶ 4,500万円　　❷ 5,000万円　　❸ 2億円

解答欄

解答

> **❶の4,500万円です。**

解説

BSの資産に計上される金額は、基本的には、取得原価といわれる実際に取得した時点の金額になります。

しかし、著しく価値が落ちた固定資産については、決算時点での価値（「現在価値」という）を反映させることになります。このように価値下落を反映させることを減損会計といいます。

なお、価値下落に伴うBSの左側（資産側）の減少を受けて、右側では純資産が減少することになります。

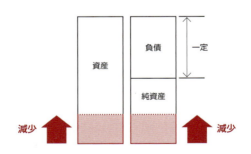

時価会計と減損会計

　筆者が会計を勉強しはじめた頃は、「取得原価」でBSを評価する会計処理方法が原則でした。その際、「時価」は直接BSの金額決定には使用せずに、財務諸表の脚注に時価情報として開示するのが当時のルールでした。しかし、時代は変わり、IFRSをはじめとする現在の会計処理基準には、「時価会計」と「減損会計」が取り入れられています。

　時価会計は金融商品に対して、時価を反映させるために毎期評価替えを行うことで、減損会計は著しい収益性の低下が認められる固定資産を実際に期待される価値に近づけるために行われます。

　「取得原価主義」は、株主が今ほど経営に口を挟むことがない中で「経営者の長期思考」が許されていた時代、さらには資産価格が右肩上がりで「含み益」が前提であった時代には、経営者にとっては使い勝手のよい会計処理基準だったといえます。なぜなら、長期投資に失敗したとしても、その事業をたたむ際に資産を売却し、含み益で投資の損失を埋め合わせることができるからです。

　しかし、経営者が経営結果を短期的に問われることが多くなった現在は違います。今は、時価の変動や経営環境の変化を適時に財務諸表に反映させることができる「時価会計」と「減損会計」が、時代に合致した会計処理基準といえるでしょう。

　「時価会計」と「減損会計」では、投資資産（在庫投資・設備投資・新規事業投資・金融資産投資等）を処分した事業年度

まで待つことなく、経営者の経営判断（投資判断）の結果が正しかったのかどうかを明らかにすることができます。

　Accountabilityという言葉があります。一般的には、Accounting（会計）とResponsibility（責任）の合成語だといわれていますが、その意味は、会計によって利害関係者に説明をきちんとすることとされています。筆者は、AccountabilityはAccountingとAbilityの合成語だと思っています。よりAbilityの高いAccountingの手法が、時価会計と減損会計ではないかと思います。

3-7
BSの概観と企業活動

問題

以下の文章を読んで設問に答えなさい。

> A、B、Cは3社の連結BSを金額に応じたボリュームで表現したものです。該当する企業名を選択肢から選びなさい。
>
> なお、左側は上が流動資産、下が固定資産、右側は上が負債、下が純資産です。

総資産：7.8兆円
A

総資産：7.7兆円
B

総資産：7.2兆円
C

選択肢

❶ 新日鐵住金（2015/03月期）　　❷ 関西電力（2015/3月期）
❸ イオン（2015/2月期）

解答欄

A		B		C	

解答

| A | ❸ | B | ❷ | C | ❶ |

解説

見分けるポイントは、流動資産と固定資産の比率にあります。小売りであるイオンは在庫のウェートが大きいので、流動資産が多くAとなります。一方、関西電力のような装置産業では固定資産が多くなり、Bとなります。そして、製造業である新日鐵住金はその中間で、Cとなります。

なお、純資産の比率が少ないBを関西電力と見分ける方法もあります。大震災以降、原子力依存度が高かった関西電力はコスト構造が悪化し、赤字を計上し、その結果として純資産がかなり減少しています。

総資産：7.8兆円
A イオン

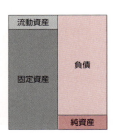
総資産：7.7兆円
B 関西電力

総資産：7.2兆円
C 新日本鐵住金

税効果って何?

　会計上の利益と税金の額を期間対応させる会計上の手続きのことを税効果会計といいます。

　コラム「所得と利益の違い」(P.67)で説明した通り、会計上の利益と税法上の利益(課税所得)の間には差異が生じるため、たとえば、会計上は赤字なのにPLに税金が計上されているなど、会計上の利益と税金が対応しない場合があります。

　会計上と税法上の利益の差異は、将来的に解消されるか否かという観点から一時差異と永久差異の2つに分類されます。

　「一時差異」は、会計上と税法上の損益認識時期の違いによるズレで、いずれ解消される差異です。たとえば、減価償却費や退職給付引当金などの差異がこれに当たります(※1)。

　一方、「永久差異」は、永久に解消されない差異で、交際費や受取配当金にかかる差異などがこれに該当します(※2)。

　税効果会計では、これらのうち一時差異に法定実効税率を乗じた額を法人税等調整額として、実際に算出された「法人税、住民税及び事業税」とは別にPLに計上します。つまり、一時差異のうち、将来税金を減少させる効果のある差異については税金を前払いしたと考え、将来税金を増加させる効果のある差異については税金が未払いとなっていると考えて、この部分の税額をPLの法人税等の下に表記することにより、会計上の利益と税額を対応させるのです。

　なお、将来の税金を減少させる差異については、将来、税金の額を減少させる効果が期待できる程度に課税所得が発生する

見込みであることが前提です。ですので、課税所得の発生が見込まれない場合には、税効果会計の適用はないことになります。よくあるのは、黒字になる見込みがなくなった会社が、税効果会計に関する資産（繰延税金資産）を取り崩して費用化するために、さらに大きな赤字額を計上するということです。

また、税効果会計は、利益と税金の期間対応を実現するための手続きであることから、交際費や受取配当金のように損金や益金と認められることのない永久差異については、適用されません。

※1：減価償却の金額が単年度で会計上と税務上で異なっていても、やがて全額が減価償却されるので、一時差異になります。退職給付引当金もやがて退職して退職金を支給したときに、税務上も費用になるので、一時差異となります。

※2：交際費は会計上では費用となりますが、税務上は全額が損金になるとは限りません。この差異は一時的なものではないので永久差異となります。

4
BSとPLの関係を理解する

Check 4 BSとPLの関係を理解する

- ✓ ここまでPL→BSと順次理解してきました。しかし、PLとBSには不可分な関係があります。この関係を理解することこそ、会計の本質を理解することです。

- ✓ 2つの違いを踏まえたうえで、両者の関係を理解しましょう。

4-1 BSとPLの違い

問題

A〜Dに最適な用語を選択肢から選びなさい。

> BSは、年度末や月末のようにある【　A　】の財政状況で、このようなものを【　B　】という。
> PLは、一年間や月間のようにある【　C　】の損益状況で、このようなものを【　D　】という。

選択肢

❶時点　　❷期間　　❸フロー　　❹ストック

解答欄

A		B	
C		D	

解答

A	❶	B	❹
C	❷	D	❸

解説

BSはストックで、PLはフローというのは、重要な概念です。BSは「いつの時点」かが大切で、PLは「いつからいつまで」かが大切です。

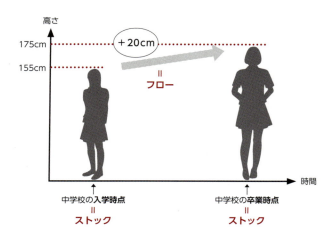

4-2
BSとPLの接点(1)

問題

A〜Bに最適な用語を選択肢から選びなさい。

> BSは資産、負債、純資産の3つの構成要素からできています。さまざまな取引をする中でBSはさまざまな変化をしますが、期首から期末にかけて増加した【 A 】の額は、簡単にいえば期中の【 B 】の額と合致します。

選択肢

❶資産　　❷負債　　❸純資産
❹収益　　❺費用　　❻利益

解答欄

A		B	

解答

| A | ❸ | B | ❻ |

解説

　純資産は、債権者が保有する分ではなく、出資者（株主）の持分です。この持分が増えるのはなぜかといえば、それは儲ける（利益を出す）からです。なお、ここでいう「利益」とは、売上総利益や営業利益などではなく、最終的な「当期純利益」のことを指しています。この関係を図示すると、下の図のようになります。

　ただし、剰余金処分として配当をしたときなどは、純資産の増加額＝利益額とはなりません。

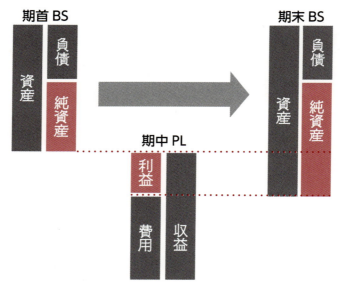

株主資本・自己資本・純資産の違い

　会計初歩の段階では、株主資本・自己資本・純資産は同じ概念として理解していても問題ありませんが、もう一段上の理解をしたい人のために、この3つの違いを説明しましょう。

❶株主資本

　株主資本は、資本金と資本剰余金と利益剰余金を足し、そこから自己株式を差し引いた額です。資本金と資本剰余金は基本的に株主が投資した金額で、利益剰余金は会社が積み上げてきた利益の累計額です。

　自己株式は会社自身で一時的に保有する自社の株式なので、実質的にその分、株主資本が減ることになります。

　この株主資本は「株主の持分」とでもいうと、ピンときやすいでしょう。まさに株主のものということです。

株主資本＝資本金＋資本剰余金＋利益剰余金－自己株式

❷自己資本

　自己資本は、株主資本にその他包括利益累計額合計（その他有価証券評価差額金や為替換算差額、繰延ヘッジ損益等）を加えたものです。

　株主資本とその他包括利益累計額合計を区別しているのは、その他包括利益累計額がPLを通していないからです。つまり、その他包括利益累計額は配当可能利益を構成せず、また利益剰

余金にも算入されないため、株主に帰属する資本ではないということです。

自己資本＝株主資本
　　　　＋（その他有価証券評価差額金・為替換算差額・
　　　　　繰延ヘッジ損益等）

❸純資産
　純資産は、自己資本に少数株主持分と新株予約権を加えたものです。

純資産＝自己資本＋少数株主持分＋新株予約権

　少数株主持分は、子会社資本の親会社株主以外の株主の持分です。したがって、親会社の自己資本には該当しないため、自己資本と区別して純資産の部に計上されています。
　また、新株予約権は返還義務のある負債ではありませんので、純資産の部に計上されますが、株主と必ずしも同一ではない予約権者との取引によるものなので、自己資本とは区別して純資産の部に計上されています。

BSとPLの接点(2)

問題

A～Bに最適な用語を選択肢から選びなさい。

> BSの純資産を増加させる変化（フロー）が【　A　】で、減少させる変化（フロー）が【　B　】である。

選択肢
❶入金　❷出金　❸収益
❹費用　❺拡大　❻縮小

解答欄

A		B	

解答

| A | ❸ | B | ❹ |

解説

　さまざまなストックは、変化をすることで新たなストックになります。つまり、期首時点のストックは、期中のフローによって期末時点のストックに変化するということです。

　たとえば、期首に100円だった現金残高は、期中に＋30円、－50円の変化があれば、期末には80円になります。このような「期首残高±期中変化＝期末残高」の関係は、預金でも売掛金でも機械設備でも、すべて同じことがいえます。

　つまり、BSのすべての勘定科目はストック情報で、そのストックは前期末のストックと当期の変動であるフローによって構成されるのです。

　数あるストックの中で、私たちにとって最も大切な（意識すべき）ストックは純資産と現預金です。そこで、純資産の増減に関わるフロー情報をPL、現預金の増減に関わるフロー情報をCFとして特別視します。そして、BS、PL、CFの3つをまとめて財務三表と呼んでいます。

　なお、BS上の「純資産」を増やす変化を「収益」、減らす変化を「費用」といい、この2つをPLとして表現しています。また、BS上の「現預金」を増やす変化を「入金」、減らす変化を「出金」といい、この2つをCFとして表現しています。

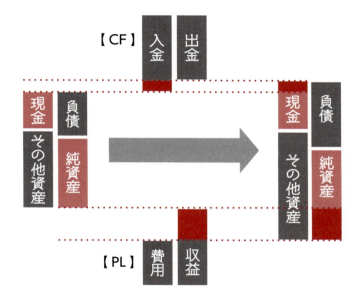

　もう少し厳密にいえば、純資産の中でも「利益剰余金」の増減がPLといえます。さらに厳密には、配当などの利益剰余金の処分はPLから除外されます。

　このように、純資産の増減にはPLの当期利益以外にもさまざまな増減要素があるため、それらの要素の増減をまとめた株主資本等変動計算書を作成することとなっています。

粉飾決算ってナニ?!

　ニュースなどで「粉飾決算」という言葉を耳にしていると思いますが、財務諸表の数字（業績）を本来のものよりも良くする（改ざんする）行為を粉飾決算といいます。

　粉飾決算の目的はさまざまですが、主に「業績目標未達を繕う」と「不正行為を隠す」の２つが中心のようです（税金を減らすために、業績を本来よりも悪くするという「逆」粉飾といわれるものも見られる）。

　ところで、粉飾決算の首謀者は経営者であることもあれば、経理部長、はたまた現場の担当レベルのこともあります。通常、現場の担当レベルが粉飾決算を企てても、経理部門や監査部門などによって見破られるのがオチですが、管理体制のずさんな企業では、時として驚くような金額が担当レベルで改ざんされていることがあります。

　歴史的に記憶に残るような有名な粉飾決算としては、「業績目標未達を繕う」タイプでは東芝、海外ではエンロンやワールドコムなどがあります。一方、「不正行為を隠す」タイプでは、オリンパスあたりが該当します。

　「嘘の上塗り」という言葉がありますが、粉飾決算に一度手を染めると、さらなる嘘が必要となり、やがては破綻に陥るというのが、古今東西の粉飾決算から得るべき知見です。

5
BSとPLの動きを理解する

Check 5 BSとPLの動きを理解する

- ✓ 決算書として見るBSとPLは、まるで静止画のように止まっています。しかし、BSとPLはビジネスの取引と同時に、常に動いています。

- ✓ ビジネスの取引と、BSとPLの動きが、どのように関係しているのかを理解すると、今までよりももっと会計が身近に感じられるようになります。

- ✓ 問題の前半は苦労するかもしれませんが、後半にかけて雲が晴れていくように、理解が進むことでしょう。最後まで根気強く、問題を解き進めていきましょう。

5-1 ビジネス取引と財務諸表の動き

問題

1～18の取引をすると、BSとPLはどのような形になるでしょうか。以下に示す例題を見本に、左側の取引前をもとに右側の解答欄に取引後を記載しなさい。

例題

商品が200円で売れたが、代金の回収はまだしていない。

現金	借入金
現金	資本金
商品	
	売上高
売上原価	売上高

→

現金	借入金
現金	資本金
売掛金	
売掛金	
	売上高
	売上高
売上原価	売上高
売上原価	売上高

記入のルールは、次の通りです。

- 1～18の取引は連続した取引なので、解答は次の取引の左側（取引前）になる。
- 100円を1マスと考えて、金額をマス目で表現する。
- 上部をBS、下部をPLとする。
- 当期中に発生した利益をBSに反映する必要はない（左右のマス数が合致すればよい）。

取引1

雑貨屋を始めるために、個人資産から現金100円を拠出して資本金100円の会社を設立する。

➡

memo

取引2

銀行から400円を借りる。そのお金は預金として銀行に預けておく。

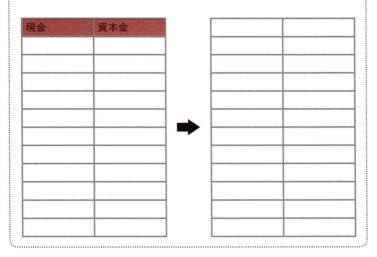

memo

取引 3

ATMに行き、200円をおろす。

現金	借入金
預金	借入金
預金	借入金
預金	借入金
預金	資本金

➡

memo

取引 4

1個100円の雑貨を2つ仕入れる。支払いは現金でする。

現金	借入金
現金	借入金
現金	借入金
預金	借入金
預金	資本金

➡

memo

取引 5

商品が単価300円で1つ売れる。代金は現金でもらう。

現金	借入金
預金	借入金
預金	借入金
商品	借入金
商品	資本金

➡

memo

取引6

銀行に元金100円を返済し、同時に利息を100円支払う（いずれも預金から支払う）。

現金	借入金
現金	借入金
現金	借入金
現金	借入金
預金	資本金
預金	
商品	
	売上高
	売上高
売上原価	売上高

→

memo

取引7

雑貨用の陳列棚を200円で買う。支払いは現金からする。棚は長期間利用できるので、一度に費用にせず固定資産に計上する。

現金	借入金			
現金	借入金			
現金	借入金			
現金	資本金			
商品				
		→		
	売上高			
売上原価	売上高			
支払利息	売上高			

memo

取引8

再度、仕入れに行き、1個100円の商品を1つ仕入れる。支払いは待ってくれるとのことで買掛にする。

現金	借入金
現金	借入金
商品	借入金
棚	資本金
棚	
	売上高
売上原価	売上高
支払利息	売上高

➡

memo

取引9

商品が単価200円で1つ売れる。代金は後日もらうことにして、売掛にする。

現金	買掛金
現金	借入金
商品	借入金
商品	借入金
棚	資本金
棚	
	売上高
売上原価	売上高
支払利息	売上高

→

memo

取引 10

陳列棚が半壊してしまったので、100円分の価値しかないと判断し、損失を計上する。

現金	買掛金
現金	借入金
売掛金	借入金
売掛金	借入金
商品	資本金
棚	
棚	
	売上高
	売上高
売上原価	売上高
売上原価	売上高
支払利息	売上高

取引 11
買掛金を現金で支払う。

現金	買掛金
現金	借入金
売掛金	借入金
売掛金	借入金
商品	資本金
棚	
	売上高
売上原価	売上高
売上原価	売上高
支払利息	売上高
評価損	売上高

→

memo

取引 12

期末がきたので、決算を確定させる。

現金	借入金
売掛金	借入金
売掛金	借入金
商品	資本金
棚	
	売上高
売上原価	売上高
売上原価	売上高
支払利息	売上高
評価損	売上高

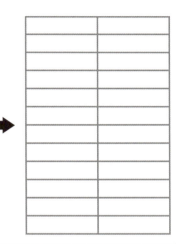

memo

取引 13

新しい年度を始める。

現金	借入金
売掛金	借入金
売掛金	借入金
商品	資本金
棚	利益剰余金
当期利益	売上高
売上原価	売上高
売上原価	売上高
支払利息	売上高
評価損	売上高

→

memo

取引 14

商品が単価300円で1つ売れる。代金は後日もらうことにして、売掛にする。

現金	借入金
売掛金	借入金
売掛金	借入金
商品	資本金
棚	利益剰余金

➡

memo

取引 15

販売先が倒産し、売掛金のうち100円が回収できなくなった（残りの400円は回収できた）。

現金	借入金
売掛金	借入金
売掛金	借入金
売掛金	資本金
売掛金	利益剰余金
売掛金	
棚	
	売上高
	売上高
売上原価	売上高

➡

memo

取引 16

会社をたたみリタイヤすることにした。不要になった棚をオークションにかけたところ200円で売れた。

ヒント：販売用の商品などは売上原価になりますが、本来売る予定でなかった棚のようなものは、簿価との差額のみをPLに計上します。

現金	借入金
現金	借入金
現金	借入金
現金	資本金
現金	利益剰余金
棚	
	売上高
売上原価	売上高
貸倒損失	売上高

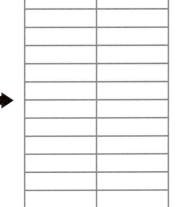

memo

取引 17

会社をたたむにあたり借入金を返済した。利息を100円支払った。

現金	借入金
現金	借入金
現金	借入金
現金	資本金
現金	利益剰余金
現金	
現金	
	売上高
	売上高
売上原価	売上高
貸倒損失	資産売却益

→

memo

取引 18
会社の清算をした。

現金	資本金
現金	利益剰余金
現金	
	売上高
売上原価	売上高
貸倒損失	売上高
支払利息	資産売却益

➡

5 BSとPLの動きを理解する

memo

最終結果

最終的には、資本金の出し手である自分が300円の現金を持ち帰り、会社は清算済み（何もない状態）になる。

現金	資本金
現金	利益剰余金
現金	利益剰余金

memo

簿記って何？　仕訳って何？

　会計の勉強をしようと会計の専門学校に通うと、まず簿記（仕訳）からスタートします。

　簿記とは、「帳簿に記録すること」の略といわれています。つまり、帳簿と呼ばれるノートに、お金や財産に関する事業活動の取引の記録をつけることです。

　この帳簿のつけ方には、単式簿記と複式簿記の2種類があります。単式簿記でイメージしやすいものは「お小遣い帳」の作成です。お金という1つの勘定科目に焦点を絞って、その増減を記録していきます。一方の複式簿記では「売上が上がり、お金を現金で受け取った」以外にも「売上は上がったけれども、お金はまだ未回収（売掛金）の状態だ」など、お金の動き以外についても記録をしていきます。

　複式簿記において、取引の「記録をする」行為のことを「仕訳をする／仕訳をきる」といいます。取引について仕訳をする際には、勘定科目を使って、左右の金額が同額になるように、左側（借方）と右側（貸方）に取引を分けます。これらの仕訳は、最終的にはBSやPLにまとめられていきます。

　経理部門で働くならば仕訳から学ぶことは悪くないのですが、一般的なビジネスパーソンは仕訳を理解しなくても、BSとPLが何かをしっかりと理解していれば、仕事に困ることはありません。事実、ここまでの問題では、取引によって会社のBSとPLがどのように変化するかを考えてきましたが、それを考えるにあたり、仕訳を理解していなくても、BSとPLが何かを理

column

解していれば問題は解けたはずです。

「仕訳においては、資産・費用は借方(左側)、負債・資本・利益は貸方(右側)に分類し、取引の貸借が分類された通りであれば、その勘定科目を増加し、逆であればその勘定科目を減少させる」なんて言われても、「何のこっちゃ?!」ですよね。

「仕訳のことはよくわからんが、会計のことはしっかりわかっている」と、胸を張って言いましょう。

ちなみに、取引によって会社のBSとPLがどのように変化するかという、ビフォーとアフターの違いを結んでいるのが仕訳になります。たとえば、100円の商品を200円で掛売りしたという取引の変化を見てみましょう。

❶左側にあった商品が100円減少
　⇨「逆側に100円増加」と考える
❷左側に売掛金が200円発生
❸左側に売上原価が100円発生
❹右側に売上高が200円発生

❶〜❹を図にすると以下のようになります。

❷売掛金　　200円	❶商品　　　100円
❸売上原価 100円	❹売上高　　200円

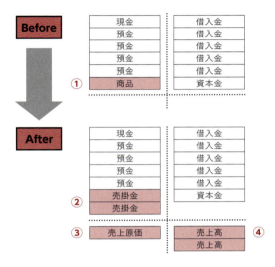

5-2 消費税と財務諸表の動き

問題

1～5の取引をすると、BSとPLはどのような形になるでしょうか。以下の例題を見本に、左側の取引前をもとに右側の解答欄に取引後を記載しなさい。

例題

商品が200円で売れたが、代金の回収はまだしていない。

現金	借入金
現金	資本金
商品	
	売上高
売上原価	売上高

→

現金	借入金
現金	資本金
売掛金	
売掛金	
	売上高
	売上高
売上原価	売上高
売上原価	売上高

記入のルールは、次の通りです。

- 1～5の取引は連続した取引なので、解答は次の取引の左側(取引前)になる。
- 100円を1マスと考えて、金額をマス目で表現する。
- 上部をBS、下部をPLとする。
- 当期中に発生した利益をBSに反映する必要はない(左右のマス数が合致すればよい)。

取引1

原価100円の商品を200円で売ったが、代金は未回収である。 ※消費税は税率100%とする（100%なのはマス目の関係）。

現金	借入金			
現金	借入金			
現金	借入金			
商品	資本金			

memo

取引2

税理士に100円の顧問料を現金で支払った。

※消費税は税率100%とする（100%なのはマス目の関係）。

現金	借入金
現金	借入金
現金	借入金
売掛金	資本金
売掛金	仮受消費税
売掛金	仮受消費税
売掛金	
	売上高
売上原価	売上高

➡

memo

取引 3

決算をした。

現金	借入金
売掛金	借入金
売掛金	借入金
売掛金	資本金
売掛金	仮受消費税
仮払消費税	仮受消費税
支払報酬	売上高
売上原価	売上高

memo

取引4

新年度が始まった。

現金	借入金
売掛金	借入金
売掛金	借入金
売掛金	資本金
売掛金	未払消費税
支払報酬	売上高
売上原価	売上高

memo

取引 5

消費税を納付した。

現金	借入金
売掛金	借入金
売掛金	借入金
売掛金	資本金
売掛金	未払消費税

➡

memo

最終結果

売掛金	借入金
売掛金	借入金
売掛金	借入金
売掛金	資本金

memo

税抜きと税込み

　消費税の会計処理には、税抜方式と税込方式という2通りの処理方法があります。これは、消費税の店頭での表示方法の「税込表示」「税抜表示」「税込・税抜併記表示」とはまったく無関係です（頭を切り替えてください！）。

　収益・費用を税抜、固定資産を税込にするなど、税抜と税込は各科目種類ごとに併用することが認められていますが、すべての科目を税抜とする方法が一般的です。それは、税抜方式の場合、消費税の支払いや受け取りがPLや資産の簿価に影響を与えないので、財務諸表が理解しやすくなるからです。

　たとえば、税率が8％のとき本体価格1,000円の商品を売ったとします。販売側の事業者には1,080円の入金がありますが、税抜方法の場合では1,080円全額を売上にするのではなく、1,000円を売上に計上し、80円を「仮受消費税」に計上します。受け取った80円は、最終的に支払った消費税を差し引いて、税務当局に支払いますので、「仮」に「受」け取った消費税ということで、「仮受消費税」という勘定科目を使います。

　一方、支払側の消費税は「仮払消費税」という勘定科目を使います。決算時に仮受消費税と仮払消費税の差額を「未払消費税」に振り替え、その後、納税します。

　なお、税込方式の場合、PLや資産の簿価が税額分増えますが、PLにおいては納付する消費税を費用として差し引くので利益額に変わりはありません。

memo

6
CFを理解する

Check 6
CFを理解する

- ✓ 財務三表の最後はCFです。

- ✓ BSとPLは見慣れていても、CFは見たことがないという方もいるかもしれません。しかし、CFは本来、私たちにとって最も身近なものです。子どもの頃につけていた「お小遣い帳」はCFそのものだったはずです。

- ✓ 身構えることなく、自然体でCFを理解しましょう。

6-1
CFの構成要素

問題

A～Cに最適な用語を選択肢から選びなさい。

> CFは現預金の出入りを3つに区分し記載したものである。
> 通常、
> 　最下部に記載される部分が【　A　】に関わる資金収支で、
> 　中段に記載される部分が【　B　】に関わる資金収支で、
> 　最上部が【　C　】に関わる資金収支
> となっている。

選択肢

❶営業活動　　　❷営業外活動
❸財務活動　　　❹投資活動

解答欄

A		B		C	

解答

| A | ❸ | B | ❹ | C | ❶ |

解説

　CFは、下の図のように「営業活動」「投資活動」「財務活動」の3つの要素から構成されています。

6-2 CFの表記方法

問題

A〜Cに最適な用語を選択肢から選びなさい。

CFの表記方法には【 A 】と【 B 】と呼ばれる2通りの方法がある。

表記方法の違いは作成プロセスの違いに起因している。

【 A 】では資金の出入りがあるごとに、営業活動・投資活動・財務活動に区分けして作成する。

一方、【 B 】では期首と期末の【 C 】の増減から作成する。営業活動・投資活動・財務活動への区分けは、【 C 】の各項目が3つのいずれに該当するのかによって振り分ける。

選択肢

❶相対法　　❷間接法　　❸直接法　　❹関連法
❺PL　　　　❻BS　　　　❼現預金　　❽債権債務

解答欄

A	B	C

解答

| A | ❸ | B | ❷ | C | ❻ |

解説

CFには、直接法と間接法の2種類の表記方法があります。これらは、財務活動と投資活動の部分に違いはありませんが、最上部の営業活動の部分が違います。

直接法の場合、見慣れているPLとイメージが近いために、直感的に理解しやすいと思います。一方で、間接法では利益からスタートして、以下の2つを調整していく流れになっています。

- 利益に関係しているが、当年度に資金移動していないもの（減価償却費、売掛金の増減、買掛金の増減、引当金の増減等）
- 利益に関係していないが、当年度に資金移動しているもの（前払金の増減、前渡金の増減等）

たとえば、減価償却は利益を考える際には費用としてマイナスしますが、減価償却時に資金移動はないので、CFを考えるうえではプラスの調整をする、というようになっています。

このように、売り上げたのに代金は未回収など、利益と資金移動の間にネジレの関係がある場合、そのネジレはBS上で売掛金が増加しているというように調整されます。したがって、「BSの増減によってCFを作成する」という考え方が、間接法の作成の考え方だといってもいいでしょう。

直接法	
Ⅰ. 営業活動	
売上の入金	＋＊＊＊円
原価の支払	△＊＊＊円
販管費の支払	△＊＊＊円
その他の入金	＋＊＊＊円
その他の支払	△＊＊＊円
Ⅱ. 投資活動	
投資資産の売却	＋＊＊＊円
投資資産の購入	△＊＊＊円
Ⅲ. 財務活動	
借入金の調達	＋＊＊＊円
借入金の返済	△＊＊＊円
資本の調達	＋＊＊＊円
資本の返済	△＊＊＊円
キャッシュの増減額	±＊＊＊円
キャッシュの期首残高	＊＊＊円
キャッシュの期末残高	＊＊＊円

間接法	
Ⅰ. 営業活動	
PL上の利益	±＊＊＊円
減価償却	＋＊＊＊円
運転資金の増減	±＊＊＊円
その他の増減	±＊＊＊円
Ⅱ. 投資活動	
投資資産の売却	＋＊＊＊円
投資資産の購入	△＊＊＊円
Ⅲ. 財務活動	
借入金の調達	＋＊＊＊円
借入金の返済	△＊＊＊円
資本の調達	＋＊＊＊円
資本の返済	△＊＊＊円
キャッシュの増減額	±＊＊＊円
キャッシュの期首残高	＊＊＊円
キャッシュの期末残高	＊＊＊円

CFの小計の意味

　企業は事業活動に伴いさまざまな取引を行っており、企業にキャッシュを流入させる取引もあればキャッシュを流出させる取引もあります。

　キャッシュフロー計算書は、期中のキャッシュの増減を「営業活動」「投資活動」「財務活動」の3つに区分して表示する財務諸表です。これらには、それぞれ以下の情報を記載します。

営業活動によるキャッシュフロー
　基本的に損益計算書における営業損益計算の対象となる取引にかかるキャッシュフローの情報です。

投資活動によるキャッシュフロー
　固定資産の取得および売却、有価証券の取得および売却、貸付けの実行・回収等といった投資活動に関係するキャッシュフローの情報です。

財務活動によるキャッシュフロー
　新規借入れおよび借入金の返済、社債の発行および償還、新株の発行・株主への配当金の支払い等といった資金の調達および返済等の財務活動に関係するキャッシュフローの情報です。

　なお、会計基準上、投資活動および財務活動のいずれにも該当しない取引にかかるキャッシュフローは、営業活動によるキ

ャッシュフローに記載することになっています。

　そのため、「営業活動によるキャッシュフロー」ではこれらを区分するため、商品の販売や仕入れ、経費の支払い等といった通常の営業活動にかかるキャッシュフローをいったん小計した後、投資活動や財務活動以外の取引にかかるキャッシュフローを小計欄の下部に記載します。つまり、PLの営業利益に相当する部分が、キャッシュフロー計算書の営業活動によるキャッシュフローの小計欄ということになります。

　小計欄の上部で「受取利息配当金」を減算し、小計欄の下部で同額の「受取利息配当金」を加算しているようなケースを目にするかもしれませんが、小計欄の上下で同額の加減を行うのは、上記のような理由によるのです。

連結キャッシュフロー計算書
（単位：百万円）

	2014/3
営業活動	
税金等調整前当期純利益	42,044
減価償却費及び償却費	13,227
受取利息及び受取配当金	−194
支払利息	355
営業債権等の増減額	−27,206
棚卸資産の増減額	−6,003
営業債務等の増減額	10,950
その他	−4,809
小　　計	28,362
利息及び配当金の受取額	194
利息の支払額	-254
法人所得税の支払額	−17,129
営業活動	11,173

6-3
CFとBSの連動（直接法）

問題

1〜18の取引をすると、BSとCFはどのような形になるでしょうか。以下の例題を見本に、左側の取引前をもとに右側の解答欄に取引後を記載しなさい。

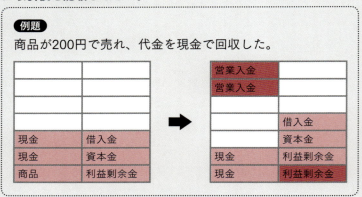

記入のルールは、次の通りです。
- 1〜18の取引は連続した取引なので、解答は次の取引の左側（取引前）になる。
- 100円を1マスと考えて、金額をマス目で表現する。
- 上部をCF、下部をBSとする。
- 当期中に発生した現預金をBSに反映する必要はない（左右のマス数が合致すればよい）。
- PLを記載する必要はないので、利益分のみを利益剰余金としてBSに記載する。

取引1

雑貨屋を始めるために、個人資産から現金100円を拠出して資本金100円の会社を設立する。

取引2

銀行から400円を借りる。そのお金は預金として銀行に預けておく。

財務入金	
	資本金

➡

memo

取引3

ATMに行き、200円をおろしてくる。

財務入金				
財務入金				
財務入金				
財務入金				
財務入金				
	借入金			
	借入金			
	借入金			
	借入金			
	資本金			

6 CFを理解する

memo

取引 4

1個100円の雑貨を2つ仕入れる。支払いは現金です。

財務入金	
財務入金	
財務入金	
財務入金	
財務入金	
	借入金
	借入金
	借入金
	借入金
	資本金

→

memo

取引 5

商品が単価300円で1つ売れる。代金は現金でもらう。

財務入金	営業出金
財務入金	営業出金
財務入金	
財務入金	
財務入金	
	借入金
	借入金
	借入金
商品	借入金
商品	資本金

memo

取引 6

銀行に元金100円を返済し、同時に利息を100円支払う（いずれも預金から支払う）。

営業入金	営業出金
営業入金	営業出金
営業入金	
財務入金	
財務入金	
財務入金	
財務入金	
財務入金	
	借入金
	借入金
	借入金
	借入金
	資本金
	利益剰余金
商品	利益剰余金

➡

memo

取引 7

雑貨用の陳列棚を200円で買う。支払いは現金からする。棚は長いこと利用できるので、一度に費用にせず固定資産に計上する。

営業入金	営業出金		
営業入金	営業出金		
営業入金	営業出金		
財務入金	財務出金		
財務入金			
財務入金			
財務入金			
財務入金			
	借入金		
	借入金		
	借入金		
	資本金		
商品	利益剰余金		

取引 8

再度、仕入れに行き1個100円の商品を1つ仕入れる。支払いは待ってくれるとのことで買掛にする。

営業入金	営業出金
営業入金	営業出金
営業入金	営業出金
財務入金	投資出金
財務入金	投資出金
財務入金	財務出金
財務入金	
財務入金	
	借入金
	借入金
商品	借入金
棚	資本金
棚	利益剰余金

➡

memo

取引 9

商品が単価200円で1つ売れる。代金は後日もらうことにして、売掛にする。

営業入金	営業出金
営業入金	営業出金
営業入金	営業出金
財務入金	投資出金
財務入金	投資出金
財務入金	財務出金
財務入金	
財務入金	
	買掛金
	借入金
商品	借入金
商品	借入金
棚	資本金
棚	利益剰余金

memo

取引 10

陳列棚が半壊してしまったので、100円分の価値しかないと判断し、損失を計上する。

営業入金	営業出金			
営業入金	営業出金			
営業入金	営業出金			
財務入金	投資出金			
財務入金	投資出金			
財務入金	財務出金			
財務入金				
財務入金				
	買掛金			
	借入金			
売掛金	借入金			
売掛金	借入金			
商品	資本金			
棚	利益剰余金			
棚	利益剰余金			

memo

取引 11

買掛金を現金で支払う。

営業入金	営業出金
営業入金	営業出金
営業入金	営業出金
財務入金	投資出金
財務入金	投資出金
財務入金	財務出金
財務入金	
財務入金	
	買掛金
	借入金
売掛金	借入金
売掛金	借入金
商品	資本金
棚	利益剰余金

memo

取引 12

期末がきたので、決算を確定させる。

営業入金	営業出金			
営業入金	営業出金			
営業入金	営業出金			
財務入金	営業出金			
財務入金	投資出金			
財務入金	投資出金			
財務入金	財務出金			
財務入金				
	借入金			
売掛金	借入金			
売掛金	借入金			
商品	資本金			
棚	利益剰余金			

memo

取引 13

新しい年度を始める。

営業入金	営業出金
営業入金	営業出金
営業入金	営業出金
財務入金	営業出金
財務入金	投資出金
財務入金	投資出金
財務入金	財務出金
財務入金	現預金増加分
現預金	借入金
売掛金	借入金
売掛金	借入金
商品	資本金
棚	利益剰余金

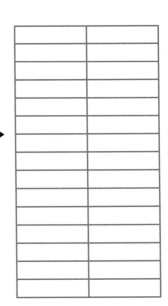

memo

取引 14

商品が単価300円で1つ売れる。代金は後日もらうことにして、売掛にする。

現預金	借入金
売掛金	借入金
売掛金	借入金
商品	資本金
棚	利益剰余金

→

memo

取引 15

販売先が倒産し、売掛金のうち100円が回収できなかった（残りの400円は回収できた）。

現預金	借入金
売掛金	借入金
売掛金	借入金
売掛金	資本金
売掛金	利益剰余金
売掛金	利益剰余金
棚	利益剰余金

➡

memo

取引 16

会社をたたみリタイヤすることにした。不要になった棚をオークションにかけたところ200円で売れた。

営業入金				
営業入金				
営業入金				
営業入金				
	借入金			
	借入金			
	借入金			
	資本金			
現預金	利益剰余金			
棚	利益剰余金			

memo

取引 17

会社をたたむにあたり借入金を返済した。利息を100円支払った。

営業入金				
営業入金				
営業入金				
営業入金				
投資入金				
投資入金				
		→		
	借入金			
	借入金			
	借入金			
	資本金			
	利益剰余金			
	利益剰余金			
現預金	利益剰余金			

memo

取引 18

会社の清算をした。

営業入金	営業出金
営業入金	財務出金
営業入金	財務出金
営業入金	財務出金
投資入金	
投資入金	
	資本金
	利益剰余金
現預金	利益剰余金

memo

最終結果

最終的には、資本金の出し手である自分が300円の現金を持ち帰り、会社は清算済み(何もない状態)となる。

営業入金	営業出金
営業入金	財務出金
営業入金	財務出金
営業入金	財務出金
投資入金	現預金増加分
投資入金	現預金増加分
現預金	資本金
現預金	利益剰余金
現預金	利益剰余金

memo

直接法が難しい理由

　CFの記載方法には直接法と間接法の2種類ありますが、通常、目にするものは圧倒的に間接法で記載されたCFです。理由は、間接法のほうが会計ソフトにとって作成しやすいからです。

　間接法の作成メカニズムを一言でいえば、「期首と期末のBSの差から作成する」です。一方、直接法では「一つひとつの仕訳から資金の増減理由を勘定科目ごとに集計する」という方法です。

　「え？！　そんな単純作業こそ、会計ソフトが得意とすることではないの？！」と思うかもしれません。確かにその通りなのですが、「一つひとつの仕訳から資金の増減理由を勘定科目ごとに集計する」にあたり、1つ難点があります。

　ここでは、それを仕訳のパターンから見ていきましょう。たとえば、

預金￥100／売掛金￥100

であれば、会計ソフトは、CFにおいて営業CFが＋100とすぐに判定してくれます。

預金￥200／売掛金￥100
　　　　／前受金￥100

この場合も、会計ソフトは、CFにおいて営業CFが＋100, ＋100とすぐに判定してくれます。

預金￥100	／売掛金￥200
振込手数料￥100	

　このような場合であっても、会計ソフトは、何とかCFにおいて営業CFが＋100と判定してくれるかもしれません。
　しかし、次のような場合になると、会計ソフトは資金の紐付けをほぼ判断できなくなってしまいます。

預金￥100	／売掛金￥100
振込手数料￥100	／貸付金￥100

　実務上、会計ソフトでは、多くの場合、仕訳をN：Nの形でまとめて入力します。そのため、直接法のCF作成が難しくなってしまうのです。

6-4
間接法CFの作成方法（1）

問題

A～Dに最適な用語を選択肢から選びなさい。

間接法のCFでは、現預金の増減をBS項目の増減の差によって算出する。下の図において、CFは現預金の増減なので、

CF＝【　A　】−【　B　】

一方、BSは左右でバランスしているので、以下のようになる。

（え）＝（か）−（お）
（あ）＝（う）−（い）

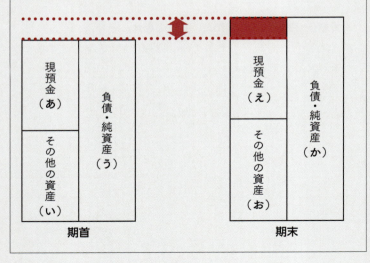

期首　　　　　　　　　　期末

これを整理すると、次のようになる。

CF＝{(か)−(う)}−{(お)−(い)}

したがって、CFの式は次のように整理できる。

CF＝「負債・純資産の増加」−「現預金以外の資産の増加」

これは、【 C 】などはCFがプラスになることを意味し、一方、【 D 】などはCFがマイナスになることを意味している。

選択肢

❶（あ）　　　　❷（い）　　　　❸（う）
❹（え）　　　　❺（お）　　　　❻（か）
❼売掛金の増加　　❽買掛金の増加

解答欄

A	B	C	D

解答

| A | ❹ | B | ❶ | C | ❽ | D | ❼ |

解説

CFは現預金の増減なので、CF＝（え）－（あ）となります。

また、BSは左右でバランスしている（同額）ので、（え）と（あ）を以下のように置き換えることができます。

CF＝｛（か）－（お）｝－｛（う）－（い）｝

　＝｛（か）－（う）｝－｛（お）－（い）｝

　＝（負債・純資産の増加）－（現預金以外の資産の増加）

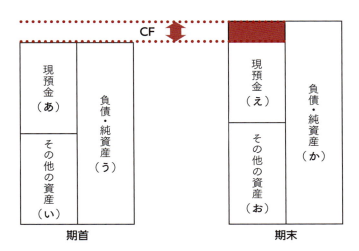

間接法CFの作成方法（2）

問題

A～Eに最適な用語を選択肢から選びなさい。

CFは「負債・純資産の増加」－「現預金以外の資産の増加」の式で表されるが、BSのそれぞれの項目は、CFの営業・投資・財務活動のどこに入るのか、下の図を見ながら答えなさい。

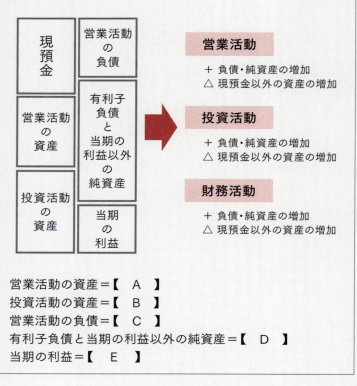

営業活動の資産＝【　A　】
投資活動の資産＝【　B　】
営業活動の負債＝【　C　】
有利子負債と当期の利益以外の純資産＝【　D　】
当期の利益＝【　E　】

選択肢

❶営業活動　　　❷投資活動　　　❸財務活動

解答欄

A		B		C	
D		E			

解答

A	❶	B	❷	C	❶
D	❸	E	❶		

解説

　間接法のCFが利益からスタートする意味は、右の図のように考えるとわかりやすい（理解しやすい）でしょう。

　このような図で考えると、運転資金という概念も理解しやすくなります。運転資金とは、企業が営業活動を行っていくうえで必要とする資金のことで、次のような式で表せます。

運転資金＝営業活動の資産－営業活動の負債

　「営業活動の資産」は売掛金や商品などで、「営業活動の負債」は買掛金や支払手形などになります。

　一般的なビジネスではこの部分はマイナスになることが多く、マイナス分を運転資金として有利子負債（銀行借入）等で調達する必要が生じます。

　ただし、小売業などでは反対に、この部分がプラスになることもあり、その場合は回転差資金と呼びます。

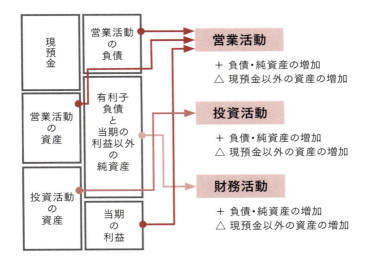

6-6 間接法CFの作成方法（3）

問題

以下の文章を読んで設問に答えなさい。

下の図は第5章「BSとPLの動きを理解する」に登場した「上がBS／下がPL」の図である（1つの枠が100円）。

右ページの図は、期首（左側）と期末（右側）の間（期中）におけるCFを間接法で作成したものである。2つの図を見ながら、A～Dに最適な数字を記入しなさい。

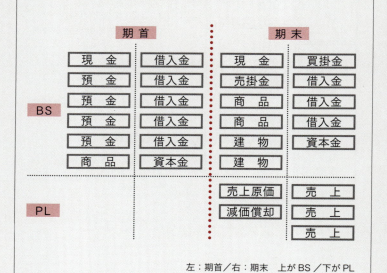

左：期首／右：期末　上がBS／下がPL

間接法	
Ⅰ. 営業活動	
PL上の利益	【 A 】
減価償却	【 B 】
運転資金の増減	【 C 】
その他の増減	—
Ⅱ. 投資活動	
投資資産の売却	—
投資資産の購入	【 D 】
Ⅲ. 財務活動	
借入金の調達	100
借入金の返済	△300
資本の調達	—
資本の返済	—
キャッシュの増減額	△400
キャッシュの期首残高	500
キャッシュの期末残高	100

解答欄

A		B		C		D	

解答

| A | 100 | B | 100 | C | △100 | D | 300 |

解説

まず、【 A 】（PL上の利益）は、左図の右側の下のPLの差額からも、上のBSの差額からも100円とわかります。

【 B 】（減価償却）も、左図の右側の下のPLの減価償却から100円とわかります。

次に、【 C 】（運転資金）ではなく、【 D 】（投資資産の購入）を考えましょう。【 D 】は、左図の左右における建物の差額として200円（左：0円／右：200円）だと思うかもしれませんが、【 B 】で考えたように減価償却が100円なので、実際の建物の取得価格は、200円＋100円＝300円になることがわかります。

最後に【 C 】（運転資金の増減）を考えます。左図の左側では、商品が100円分あるので100円の運転資金が必要です。一方で、右側では売掛金と商品の合計が300円で買掛金が100円です。つまり、右側ではその差額の200円が運転資金として必要になります。必要な運転資金が100円から200円に増加したということは、CF的には100円圧迫されたと考えられます。

間接法のCFにおいては、「減価償却額」と「投資資産の購入額」の関係（設問の【 D 】）を理解するのが一つの山場となります。

「なぜ、営業CFにおいて減価償却がプラスとして入っているのか？」という疑問に対する考え方は2通りあります。

1つ目は、間接法では利益からスタートして、以下の2つを調整する流れになっているからです。

- 利益に関係しているが、当年度に資金移動していないもの（減価償却費、売掛金の増減、買掛金の増減、引当金の増減等）
- 利益に関係していないが、当年度に資金移動しているもの（前払金の増減、前渡金の増減等）

したがって、利益に関係している（費用としてマイナスしている）が、資金移動していない減価償却は調整（プラス）するという考え方です。

2つ目の考え方は、先ほどの問題で考えたように、BS項目の増減による理解です。ただし、この場合、以下のように考える点に注意が必要です。

投資額＝BSの簿価＋減価償却額

たとえば、「当初1億円で購入したビルだが、当年度で1,000万円減価償却し、BS上の簿価は9,000万円」となった場合、投資額は、「9,000万円＋1,000万円＝1億円」と考えます。

つまり、投資のCFで単純にBSの増減額だけではなく、減価償却分を戻しているので、それと帳尻を合わせるために営業CFで減価償却額を調整していると考えるのです。

memo

7

BSとPLとCFの連動を理解する（総まとめ）

7-1
ビジネス取引と財務諸表の動き

問題

解答欄の左側のBSの状態を期首として、期中に以下の3つの取引をすると、解答欄右側の期末のBSと中央のPLとCFはどのような形になるか記載しなさい。

① 仕入値100円の商品が200円で売れて、売上金の全額を現金で回収した。
② 買掛金100円を仕入業者に支払った。
③ 新たに仕入値100円の商品を2個仕入れた（支払いはまだ）。

100円を1マスと考えて、金額をマス目で表現しなさい。BS、PL、CFの関係は以下の図を参考にしなさい。

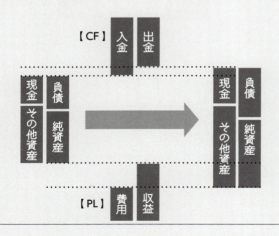

解答欄

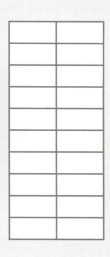

現金	買掛金
商品	借入金
自動車	借入金
建物	借入金
建物	借入金
建物	純資産

	借入金
	借入金
自動車	借入金
建物	借入金
建物	
建物	

7 BSとPLとCFの連動を理解する（総まとめ）

解答

		CF { 入金	出金	
		入金	現金	買掛金
現金	買掛金		現金	買掛金
商品	借入金		商品	借入金
自動車	借入金		商品	借入金
建物	借入金		自動車	借入金
建物	借入金		建物	借入金
建物	純資産		建物	純資産
		PL {	売上	建物	純資産
		原価	売上	

解説

この問題に正答を出せれば、会計的な思考回路は頭の中に完全に完成されています！

BSとPL・CFの関係の本質は、この問題の解答の中に詰まっています。BSのすべての勘定科目は、期首から期末にむけて（期中に）さまざまに変化をしますが、その<u>変化（＝フロー）の中で、純資産に焦点を当てたものがPL、現預金に焦点を当てたものがCF</u>です。

商品や買掛金も変化しているのですが、われわれにとって最も関心のある変化は、「儲け」である純資産の変化と、「お金」の変化なのです。

それゆえ、BSに、PLとCFを加えて、財務三表と呼んでいます。

memo

【著者紹介】

松浦 剛志 (まつうら・たけし)

株式会社プロセス・ラボ代表取締役
有限会社ウィルミッツ代表取締役

東京都町田市出身。成瀬高校、京都大学経済学部卒業。東京銀行（現三菱東京UFJ銀行）企業部・審査部にて融資審査・事業再生などを担当。その後、株式会社グロービス（MBA教育、ベンチャーキャピタル）にてグループ全体のコーポレート業務、アントレピア株式会社（投資ファンド）にて投資先企業の育成・業績モニタリングなどを実施する。

2002年、戦略、人事、会計をトータル的に支援するコンサルティングファーム、有限会社ウィルミッツを創業。2006年、業務改善コンサルティングをウィルミッツから分社化し、株式会社プロセス・ラボを創業。現在は2社の代表取締役を兼任。

著書に『新人コンサルタントが入社時に叩き込まれる「問題解決」基礎講座』（日本実業出版社）がある。

蝦名 卓 (えびな・たかし)

公認会計士・税理士

青森県弘前市出身。弘前高校、一橋大学商学部卒業。生命保険会社、監査法人、ベンチャーキャピタル勤務を経て、2000年に蝦名公認会計士事務所設立。IPO支援業務、企業価値評価業務、財務調査業務等に従事。

松浦 圭子 (まつうら・けいこ)

税理士

埼玉県上尾市出身。上尾高校、立教大学社会学部卒業。銀行、税理士法人を経て、2011年から東京国税不服審判所にて国税審判官として勤務。退官後、M&A、グローバルタックスを中心とした税務コンサルティング・アドバイザリー業務に従事。

一問一答で学ぶ会計の基礎

2016年8月25日 第1刷発行

- ●著　者　松浦 剛志
　　　　　　蝦名 卓
　　　　　　松浦 圭子
- ●発行者　上坂 伸一
- ●発行所　株式会社ファーストプレス
　　　　　〒105-0003　東京都港区西新橋1-2-9 14F
　　　　　電話 03-5532-5605（代表）
　　　　　http://www.firstpress.co.jp

装丁・デザイン　株式会社デザインワークショップジン
DTP　株式会社オーウィン
印刷・製本　シナノ印刷株式会社
編集担当　中島万寿代

©2016 Takeshi Matsuura and Takashi Ebina and Keiko Matsuura
ISBN 978-4-904336-96-0
落丁、乱丁本はお取替えいたします。
本書の無断転載・複写・複製を禁じます。
Printed in Japan

読後サポートのお知らせ

　従来、本は著者から読者への一方的な情報提供で完結していました。本書はこの形を変える新しい試みとして、本書でとりあげた「会計の基礎」のテーマに関して、読者の皆様を継続的に、インタラクティブにサポートします。

　メールアドレスを通して、読者からの質問に答えるだけでなく、有用な質問と解答を他の読者の方々にも共有します。この読後サポートをぜひともご利用ください。

　読後サポートを希望される方は、**ask-ac@willmitz.jp**に「読後サポート希望」とメールタイトルのみで送信してください（氏名等の情報は一切不要です）。

　テクノロジーや発想に目新しさはありませんが、本を契機とした新しい情報の流れ方への試みです。

　なお、この読後サポートはひとまず2020年1月1日までの有期限サービスとしてスタートさせていただきます。あわせて、読者の皆様からの質問をお待ちしております。

　　　　　　　　　　　　　　　　　　　　　　　　著者一同

お問い合わせ・読後サポートの窓口

ビジネスの悩みをコンサルティングと社員教育により支援します。
有限会社ウィルミッツ
2002年設立 代表取締役 松浦剛志

✉ 読後サポート希望専用メールアドレス
ask-ac@willmitz.jp

✉ コンサルティング・社員教育に関するお問い合わせメールアドレス
w3@willmitz.jp